왕따는 안 돼!
우리는 소중한 친구

왕따는 안 돼! 우리는 소중한 친구

1판 1쇄 발행 2021년 4월 1일

글쓴이	안선모
그린이	주영휘
편집	이용혁 박재언 이순아
디자인	문지현 오나경
펴낸이	이경민
펴낸곳	㈜동아엠앤비
출판등록	2014년 3월 28일(제25100-2014-000025호)
주소	(03737) 서울특별시 서대문구 충정로 35-17 인촌빌딩 1층
전화	(편집) 02-392-6901 (마케팅) 02-392-6900
팩스	02-392-6902
전자우편	damnb0401@naver.com
SNS	

ISBN 979-11-6363-331-0 (74400)

※ 책 가격은 뒤표지에 있습니다.
※ 잘못된 책은 구입한 곳에서 바꿔 드립니다.
※ 이 책에 실린 사진은 위키피디아, 셔터스톡에서 제공받았습니다.

도서출판 뭉치는 ㈜동아엠앤비의 어린이 출판 브랜드로, 아이들의 지식을 단단하게 만들어 주고, 아이들의 창의력과 사고력을 키워 주어 우리 자녀들이 융합형 창의 사고뭉치로 성장할 수 있도록 좋은 책을 만들겠습니다.

펴내는 글

어떻게 하면 좋은 친구를 사귈 수 있을까?
마음 맞는 친구하고만 놀면 나쁜 걸까?

선생님의 질문에 교실은 한순간 조용해집니다. 인내심이 한계에 다다른 선생님께서 콕 집어 누군가의 이름을 부르는 순간 나는 걸리지 않았다는 안도감에 금세 평온을 되찾지요. 많은 사람 앞에서 어떻게 말을 해야 하나 고민해 보지 않은 사람은 없을 겁니다. 사람들 앞에서 자신의 생각을 조리 있게 전달하는 기술은 국어 수업 시간에만 필요한 것이 아닙니다. 학교 교실뿐만 아니라 상급 학교 면접 자리 또는 성인이 된 후 회의에서도 자신의 의견을 분명히 표현할 수 있어야 합니다. 하지만 어디서부터 시작해야 할지 몰라 입을 떼는 일이 쉽지 않습니다. 혀끝에서 맴돌다 삼켜 버리는 일도 종종 있습니다. 얼떨결에 한마디 말을 하게 되더라도 뭔가 부족한 설명에 왠지 아쉬움이 들 때도 많습니다.

논리적 사고 과정과 순발력까지 필요로 하는 토론장에서 자신만의 목소리를 내려면 풍부한 배경지식은 기본입니다. 게다가 고학년으로 올라가서 배우는 수업과 진학 시험에서의 논술은 교과서 이상의 것을 요구합니다. 또한 상대의 의견을 받아들이거나 비판하기 위해서는 의견의 타당성을 검토하고 높은 수준의 가치 판단을 해야 하는 경우가 많은데, 자신의 입장을 분명히 하기 위해서는 풍부한 자료와 논거가 필요합니다.

토론왕 시리즈는 사회에서 일어나는 다양한 사건과 시사 상식 그리고 해마다 반복되는 화젯거리 등을 초등학교 수준에서 학습하고 자신의 말로 표현할 수 있도록 기획

되었습니다. 체계적이고 널리 인정받은 여러 콘텐츠를 수집해 정리하였고, 전문 작가들이 학생들의 발달 상황에 맞게 스토리를 구성하였습니다. 개별적으로 만들어진 교과서에서는 접할 수 없는 구성으로 주제와 내용을 엮어 어린이 독자들이 과학적 사고뿐만 아니라 문제 해결력, 창의적 발상을 두루 경험할 수 있도록 하였습니다. 또한 폭넓은 정보를 서로 연결지어 설명함으로써 교과별로 조각나 있는 지식을 엮어 배경지식을 보다 탄탄하게 만들어 줍니다. 이러한 통합 교과형 구성은 국어를 기본으로 과학에서부터 역사, 지리, 사회, 예술에 이르기까지 상식과 사회에 대한 감각을 익히고 세상을 올바르게 바라보는 눈을 갖는 데 큰 도움이 될 것입니다.

『왕따는 안 돼! 우리는 소중한 친구』는 주인공 은서가 전학 온 새 학교에서 친구를 사귀는 과정을 그린 책입니다. 새로운 친구 사귀는 법, 왕따 문제, 친구 사이의 오해와 갈등 문제 등을 짚어 주고 어린이들 입장에서 스스로 이 문제를 어떻게 해결하면 좋을지 다양한 내용의 가이드를 실었습니다. 어린이들이 사회의 축소판인 학교에서 친구 관계를 잘 맺을 수 있으면, 나중에 어른이 되어서도 사람 사이의 문제를 잘 해결할 수 있으리라 기대합니다. 이 책을 통해 어린이들이 인간 관계에 대한 올바른 가치관을 갖게 된다면 더없이 소중한 시간이 될 것입니다.

편집부

 차례

펴내는 글 · 4
은서의 전학 첫날 · 8

 **1장 반장 VS 여왕벌 · 11**

새 학교 새 친구

전학생은 힘들어

카리스마 반장 VS 패셔니스타 여왕벌

토론왕 되기! 친구 말에 무조건 따라야 할까?

 **2장 신고식 · 37**

친구를 사귀다

공범 친구들

이번에도 왕따는 싫어

토론왕 되기! 친구의 잘못을 알았을 때 어떻게 행동해야 할까?

3장 뜻밖의 만남 · 59

단짝의 비밀

진정한 친구란?

비타민 아저씨와 자랑스런 우벽봉

토론왕 되기! 생각이 달라도 친구가 될 수 있을까?

> 뭉치 토론 만화

친구와의 갈등, 어떻게 풀까? · 77

어쩌다 왕따 · 85

친구의 고민

피구 시합

> 토론왕 되기! 친구 사이에 생긴 갈등은 어떻게 해결하면 좋을까?

함께하니 즐거워 · 107

모래알 친구? 찰흙 친구?

함께여서 좋은 친구

> 토론왕 되기! 이런 친구를 사귀고 싶어!

어려운 용어를 파헤치자! · 127

소중한 친구 관련 사이트 · 128

신나는 토론을 위한 맞춤 가이드 · 129

새 학교 새 친구

　전학 온 첫날, 은서는 좀 정신이 없었다. 전에 다니던 학교보다 엄청 커서 반도 많고 아이들도 많았다. 5교시가 어떻게 지나갔는지 모르겠다. 학교가 크니까 4시간 수업을 하고 점심을 먹는 학년도 있고, 5시간 수업을 하고 점심을 먹는 학년도 있었다. 낯선 환경 때문인지 밥알이 목구멍에 걸린 듯 안 넘어갔다. 깨작깨작 밥알만 세고 있으니까 반장 예주가 다가와 말했다.
　"너 그렇게 먹으니까 살이 안 찌는 거야. 좀 맛있게 퍽퍽 퍼먹어."
　웬 참견. 은서는 기분이 썩 좋지 않았지만 희미하게 미소를 지었다. 틀린 말은 아니었기 때문이다. 맛없게 먹으니까 살이 안 찌는 거라는

말은 외할머니도, 엄마도 늘 하는 말이었다. 그래도 오늘 처음 만난 아이한테 이런 말 하는 건 좀 너무하지 않아? 그러나 은서는 아무 말도 못하고 고개를 푹 숙였다. 그러자 지나가던 태희가 한마디 했다. 유난히 얼굴이 하얗고 예뻐서 눈에 확 띄는 아이였다.

"은서야, 네 이름 은서 맞지? 천천히 너 먹고 싶은 만큼만 먹어. 억지로 다 먹을 필요 없어."

상처받은 마음에 약을 발라 주는 것 같은 목소리였다.

'아, 태희 같은 아이랑 친구가 되면 얼마나 좋을까? 얼굴도 예쁘고 마음씨도 착하고 게다가 친절하기까지 하고.'

그런 생각에 이르자 은서는 고개를 설레설레 저었다.

'인기쟁이 태희는 주위에 친구들이 많으니까 나 같은 아이랑은 절대 친구 하고 싶지 않을 거야.'

점심을 먹고 은서가 책가방을 챙겨 교실을 나가려고 하는데 예주가 막아섰다.

"어디 가려고? 너네 분단, 오늘 청소야."

"은서는 오늘 전학 왔잖아."

바닥을 쓸고 있던 승기가 말했다. 승기는 오늘 짝이 된 아이다. 5교시 내내 한마디 말도 없더니 웬일로 내 편을 들어주지? 은서는 신기한 듯 승기를 쳐다보았다.

"그래서 뭐? 어쩌라고!"

예주의 음성이 높아졌다. 반대로 승기의 목소리는 더 나지막해졌다.

"청소는 다음부터 해도 되잖아. 가뜩이나 낯선데."

"그건 안 돼! 전학 온 첫날이라고 봐줄 수는 없어. 우리가 정한 규칙

이잖아!"

예주의 단호한 말에 은서는 순간 눈물이 핑 돌았다.

풀이 죽은 은서를 바라보던 승기가 예주를 똑바로 쳐다보았다.

"규칙도 때로는 예외가 있어. 은서는 개인용 빗자루와 쓰레받기도 준비 못 했잖아. 은서 몫은 내가 할게. 그러면 됐지?"

예주는 어쩔 수 없다는 듯이 한숨을 쉬고는 은서에게 가라고 손짓했다.

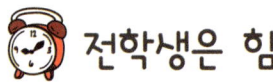 전학생은 힘들어

은서는 교실을 나와 교문 쪽을 향해 터벅터벅 걸었다. 아, 이 학교에서도 쉽지는 않겠구나.

멀리 엄마의 모습이 한눈에 들어왔다.

"집에 혼자 갈 수 있다니까 왜 오셨어요?"

말은 그렇게 했지만 은서는 교문 앞에 서 있는 엄마를 보는 순간 입꼬리가 쓰윽 올라갔다. 긴장됐던 마음도 스르르 풀렸다.

"오늘 학교생활은 어땠어?"

엄마가 가방을 받아 들며 물었다. 은서가 얼른 대답을 못 하자 엄마가 불안한 눈빛으로 은서의 얼굴을 살폈다.

"음, 나름 괜찮았어요."

은서에게 나름 괜찮았다는 말은 꽤 좋았다는 말이다. 친구 사귀는 걸 어려워하는 은서가 전학 오면서 결심한 게 하나 있다. 어떡하든 이번엔 꼭 친구를 만들겠다는 것이다.

"엄마가 데려다주고, 데리러 오는 건 전학 첫날에만 누릴 수 있는 특권이야."

그렇게 말하면서 엄마는 괜히 미안해했다.

"전학 온 게 엄마, 아빠 잘못은 아니잖아요."

"그래도 미안해. 벌써 몇 번째니?"

아빠는 해군 대위이다. 해군이어서 바다가 있는 곳이면 어디든 발령받아 근무해야 하는데 보통 2년마다 발령이 난다. 근데 이번은 예외였다. 태안에서 일 년 살고 곧바로 아빠의 고향 인천으로 발령이 났다. 그러니까 친구를 사귈 만하니까 또 이사를 하게 된 것이다.

저녁때 퇴근한 아빠가 은서를 보며 미안한 듯 물었다.

"새 학교는 어때?"

"음, 나름 괜찮았어요."

은서의 말에 아빠가 흐뭇한 미소를 지었다. 별로라는 대답이 아니어서 천만다행이라는 얼굴이었다.

식탁에서 은서는 오늘 있었던 일을 비교적 상세하게 말했다.

"우리 반 반장은 좀 독특한 것 같아요."

"어떤 면에서 독특한데?"

아빠의 질문에 은서는 곰곰이 생각한 후에 말했다.

"점심시간에 저한테 뭐라고 했는지 알아요? 밥을 먹는데 퍽퍽 퍼먹으라는 거예요. 그렇게 먹으니까 살이 안 찌는 거라면서 말예요. 완전 딱딱한 군인 같아. 그러면서 전학 온 걸 환영하는 이유를 말하는데, 뭔지 아세요? 기가 막혀서."

은서의 말에 엄마, 아빠가 두 눈을 반짝이며 다음 말을 기다렸다.

"피구 시합할 때 짝이 안 맞아서 걱정이었는데 제가 전학 와서 짝이 딱 맞다고, 그게 가장 좋대요!"

"그래? 그럼 모두 반장을 싫어하겠네?"

"그건 아니에요. 아이들이 그 애 말을 거스르지 않고 따르는 걸 보면 카리스마 완전 짱! 그리고 또 한 명, 완전 멋쟁이 여자애가 있는데 그 애 뒤를 다른 여자애들이 졸졸 쫓아다녀요. 그 앤 마치 여왕벌 같아요. 그 애가 저한테 밥을 천천히, 먹을 만큼 먹으라고 말해 줬어요. 저 완전 감동한 거 있죠!"

은서는 태희가 말을 걸어 준 것에 대해 흥분하며 말했다.

"엄마, 아빠! 저 태희랑 친구 하고 싶은데 할 수 있을까요? 전 태희처럼 옷도 잘 입고 예쁜 아이와 친구가 되면 좋겠어요."

"그래? 친구가 되도록 노력해 봐. 그러면 태희 그 아이도 우리 은서의 매력에 폭 빠질걸!"

"제가 무슨 매력이 있다고. 얼굴도 그러그러, 공부도 그러그러, 뭐 하나 잘하는 게 없는데요."

하지만 엄마와 아빠는 은서를 열렬히 응원해 주었다.

은서의 고민 노트

친구에게 '아니'라고 말해야 할 때

적절한 말투를 사용하여 내 생각과 기분, 내가 원하는 걸 솔직하게 말해요. 반드시 거절해야 할 경우에는 침착하고 자신감 있는 태도로 '아니!'라고 말해요. 아니라고 말하는 건 쉬운 일이 아니지요. 하지만 연습을 하다 보면 조금 나아질 수 있어요. 만약 당장 판단하기 어려울 때는 시간을 두고 찬찬히 생각해 보는 것도 좋은 방법이에요. "조금 생각해 본 뒤에 얘기해 줄게."라고 말하면 좋겠지요? 결정을 내리고 난 뒤에는 친구에게 꼭 말해 주어야 해요. 제대로 답을 하지 않으면 오해가 쌓일 수도 있거든요.

카리스마 반장 VS 패셔니스타 여왕벌

다음 날, 은서는 여전히 낯선 마음으로 학교에 갔다. 아이들이 삼삼오오 모여 청소를 하고 있었다. 은서는 자리에 앉자마자 엊저녁 읽다 만 동화책을 꺼냈다. 그때 예주가 다가왔다.

"화요일 아침마다 아침 청소를 하자고 정해서 오늘 하고 있는 거야. 우리가 지난 학급 회의 시간에 정한 거야. 은서 너도 얼른 청소에 참여해. 예외는 없어."

"반장! 은서는 전학 와서 청소 도구도 아직 없으니까 한 번 봐주라."

태희가 나섰다. 예주가 딱 잘라 말했다.

"안 돼! 원칙은 원칙이야. 빗자루와 쓰레받기는 내가 빌려줄게."

그러면서 예주는 자신의 미니 빗자루와 쓰레받기를 건네주었다.

"반장이 뭐 벼슬이라고 저렇게 명령한다니까!"

태희가 중얼거렸다. 예주 들으라는 소리 같았다. 예주는 들은 것 같은데 태희 말에 별로 신경을 안 썼다. 어쩌면 기분 나쁜 말일 수도 있는데 말이다.

첫날 만난 담임 선생님은 솔직히 잘 기억나지 않는다. 수업 내내 정신이 없었기 때문이다. 어제 볼 때는 그냥 평범한 선생님인 줄 알았는데 오늘 보니 참 독특한 선생님이었다.

"으이구, 욕망덩어리들. 내가 못 살겠네."

아침 청소를 해 놓은 것을 보고 선생님이 활짝 웃으며 말했다. 귀여워 죽겠다는 표정을 지으며 손가락 하트를 마구마구 날렸다.

"선생님이 말하는 욕망덩어리들은 우리 모두를 말하는 건 아냐. 너도 이미 눈치챘겠지만."

짝꿍 승기가 무심한 듯 한마디 툭 던졌다.

"모든 일에 의욕적으로 발 벗고 나서는 아이들을 그렇게 부르지. 너도 열심히 하면 그렇게 부르실 거야. 단호박 샘은 적극적인 아이들을 좋아해."

"단호박?"

은서가 눈을 동그랗게 뜨자 승기가 얼른 설명해 주었다.

"엄청 단호해서 우리가 붙인 별명이야."

"아, 그렇구나. 참 재미있는 별명이다."

그러면서 은서는 반 아이들을 두루두루 살펴보았다. 어제는 전학 첫날이라 그런지 아이들이 눈에 잘 들어오지 않았다. 모든 것이 낯설었기 때문이었다. 교실도 반 풍경도 아이들도 태안의 작은 학교와는 너무도 달랐다.

반은 대충 세 그룹으로 나뉘어 있다. 반장, 부반장을 중심으로 모든 일에 적극적이고 뭐든지 잘하려고 애쓰는 카리스마 반장 팀. 또 한 팀은 여왕벌 팀이다. 태희를 중심으로 모인 아이들은 모두 옷에 관심이 많고 화장품에 대해서도 모르는 게 없다. 아이들을 몰고 다니며 자기들끼리 똘똘 뭉쳐 있는 패셔니스타 여왕벌 팀은 은서가 끼고 싶은 팀이다.

세 번째는 어느 팀에도 속하지 않는 아이들이다. 이쪽에도 저쪽에도 관심이 없는 아이들도 있고, 어느 팀이든 끼고 싶지만 끼지 못하는 아이들도 있는 듯했다. 짝꿍 승기는 두 팀 모두 탐탁지 않아 하는 것 같았다.

은서는 고민에 빠졌다.

'카리스마 반장 VS 패셔니스타 여왕벌. 나는 뭐든지 중간이니까 반장 팀과는 어울리지 않아. 여왕벌 쪽도 마찬가지. 그렇지만 혼자는 싫

은데. 얼른 친구를 만들어 학교생활을 즐겁게 하고 싶다.'

수업은 그런대로 재미있었다. 담임 샘은 뭐든지 열심히 가르쳐 주시는 분이다.

A4 종이를 이용한 작은 책 만들기는 꽤 재미있었다. 세 번 접은 후 접힌 모서리를 칼로 잘라 내면 귀여운 책이 탄생하는 것이다.

"어? 가위가 어디 갔지?"

은서가 당황한 얼굴로 가위를 찾고 있는데 태희가 다가와 가위를 건네주었다.

"편하게 써."

쿨하게 돌아서는 태희를 은서는 한참이나 쳐다보았다. 부드러운 긴 머릿결이 나풀나풀 춤을 추었다.

"가위 잘 썼어. 고마워."

수업이 끝나고 은서가 태희에게 가위를 내밀자 태희가 갑자기 은서의 팔짱을 꼈다.

"나랑 같이 화장실 가자."

은서는 얼떨결에 태희와 화장실에 가게 되었다. 태희와 가장 친한 예린이와 설리가 두 사람 뒤를 졸래졸래 쫓아왔다.

"예주는 카리스마 반장이야. 그래서 우리 반이 다른 반에 비해 질서도 잘 지키고 공부도 잘하지."

태희의 말에 은서가 고개를 끄덕였다.

"근데 솔직히 예주가 하는 말과 행동이 다 마음에 드는 건 아냐. 우리가 뽑은 반장이니까 존중해 주는 것뿐이지."

은서는 또다시 고개를 끄덕였다.

그러자 태희와 예린이, 설리가 은서를 화장실로 끌어당겼다. 친구들과 여럿이 화장실에 함께 들어가긴 처음이었다.

"이따 5교시 학급 회의 있을 때 태희가 말하는 거에 무조건 찬성표를 던져! 알았지?"

예린이가 작은 목소리로 말했다.

은서가 얼른 대답을 하지 못하자 설리가 은서 귀에 대고 속삭였다.

"너, 오늘부터 우리 팀이야."

은서가 얼떨떨한 표정으로 쳐다보자 이번에는 예린이가 속삭였다.

"태희가 팔짱 끼고 화장실 가자고 하는 건 우리 팀에 끼워 주겠다는 표시야. 너, 영광인 줄 알아."

은서는 기분이 좋으면서도 왠지 야릇했다. 뭔지 모르는 함정에 빠진 것 같은 느낌이랄까? 하지만 싫지 않은 함정이었다.

5교시, 학급 회의 시간이 돌아왔다.

회의 주제는 '짝, 어떻게 정할까?'였다. 의견을 발표하면서 그에 대한 이유도 말하기로 했다. 아이들이 발표한 것을 부반장 온유가 칠판에 또박또박 적었다.

1) 키 순서대로 앉는다.
    이유: 키 큰 아이가 앞에 앉으면 공부할 때 잘 안 보일 수 있어서
2) 앉고 싶은 아이끼리 앉는다.
    이유: 앉고 싶은 아이랑 앉으면 공부가 더 잘되기 때문에
3) 제비뽑기로 앉는다.
    이유: 짝이 누가 될지 궁금하기도 하고 재미있어서

1번 의견은 유권이가 냈고 2번은 태희가, 3번은 부반장 온유가 냈다. 세 가지 의견을 두고 아이들이 웅성거렸다.

"앉고 싶은 아이랑 앉으면 공부가 더 잘된다고?"

누군가가 고개를 갸우뚱하자 의견을 낸 태희가 입을 삐죽였다.

"난 그렇던데!"

"제비뽑기로 하면 정말 재미있을 것 같지 않니?"

온유의 말에 유권이가 고개를 세차게 흔들었다.

"나는 제비뽑기에 소질이 없어서."

"그게 소질하고 무슨 관계가 있니? 그냥 뽑으면 되는 거지."

온유의 말에 예주가 고개를 끄덕였다. 아무래도 반장 팀은 3번을 뽑을 것 같다. 물론 여왕벌 팀은 태희를 따라 2번을 뽑겠지.

은서는 곰곰 생각에 잠겼다. 어떤 방법이 좋을까? 아무리 생각해도 늘 하던 대로 키 순서대로 앉는 게 가장 무난한 방법인 것 같았다.

그때 옆 분단에 있던 태희가 고개를 돌려 은서를 쳐다보며 웃었다. 태희는 은서에게 검지와 중지로 V 자를 만들어 보였다. 무슨 의미지? 그러다 은서는 깨달았다. V가 아니라 2번에 손을 들라는 것이었다.

"손을 들어 정하겠습니다. 어떤 의견이 좋은지 잘 생각한 후, 손은 한 번만 들어 주십시오."

반장 예주의 말에 아이들이 웅성거림을 멈추고 앞쪽을 쳐다보았다.

어떡하지? 은서는 화장실에서 무조건 태희 편에 찬성표를 던지라는 예린이 말이 떠올랐다. 그리고 지금 태희는 활짝 웃으며 은서에게 V를 보내고 있다.

은서의 고민 노트

부드럽지만 단호하게 거절하는 법

"싫어, 아니."라는 말을 딱딱하게 해 버리면 상대방의 마음에 상처가 생길 수 있어요. 부드럽지만 내 의사를 정확하게 전달하려면 어떻게 해야 할까요? 다음 예시처럼 다양하게 말할 수 있답니다.

"아니, 나는 괜찮아."
"마음이 불편해서 그러고 싶지 않은데."
"그건 좀 별로야."
"좋은 생각이 아닌 것 같아."
"나는 진짜 하고 싶지 않아."
"별로 내키지 않아."
"난 좀 다르게 생각해."
"네 말은 맞지만 나는 이번에 하지 않을래."

1장 반장 VS 여왕벌

학교 폭력, 얼마나 심할까?

최근 급증하고 있는 학교 폭력으로 학교의 걱정과 학부모들의 불안이 높아지고 있어요. 학교 폭력 실태 조사 결과 초등학생의 피해가 급증하고 있다는 사실은 꽤 충격적이에요. 특히 언어폭력과 집단 따돌림을 당하는 경우가 제일 높았지요.

요즈음에는 아이들 대부분이 휴대 전화를 갖게 되면서 온라인상에서 피해를 입는 경우도 늘고 있어요. 단톡방에서 한 사람을 지목하여 욕설을 퍼붓는 방식이지요. 싫어서 나가면 또 초대해서 괴롭히는 거예요. 또는 필요에 의해서 단톡방을 만들었는데, 피해 학생만 두고 다 나가 버리는 온라인 따돌림도 있다고 해요.

문제는 이러한 피해를 당해도 피해자가 움츠리고 가만 있는 경우가 많다는 거예요. '일이 커질 것 같아서', '도움이 되지 않을 것 같아서', '보복을 당할 것 같아서' 등의 이유로 선생님이나 부모님에게 말하기를 꺼려하는 것이지요.

2019년 학교 폭력 실태 조사 결과 〈자료: 교육부〉

2차 조사(2019.9) 초등학교 4학년~고등학교 2학년 학생 약 13만 명 참여

■ 1차 조사
■ 2차 조사

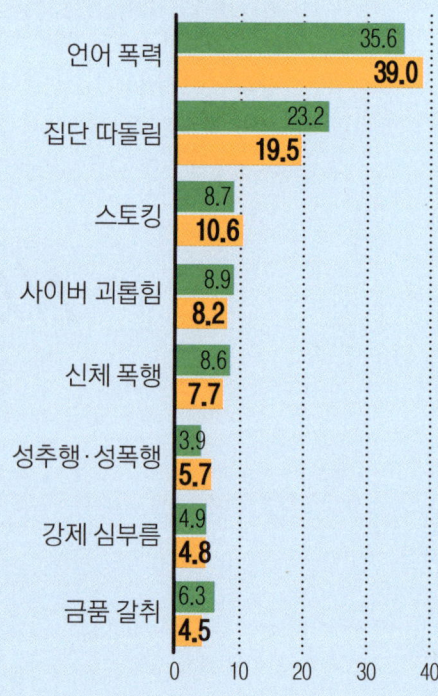

피해 경험 응답률 (단위: %)

	전체	초	중	고
1차 조사	1.6	3.6	0.8	0.4
2차 조사	1.2	2.1	0.8	0.3

피해 유형별 비율 (단위: %)

	1차	2차
언어 폭력	35.6	39.0
집단 따돌림	23.2	19.5
스토킹	8.7	10.6
사이버 괴롭힘	8.9	8.2
신체 폭행	8.6	7.7
성추행·성폭행	3.9	5.7
강제 심부름	4.9	4.8
금품 갈취	6.3	4.5

※ 1차 조사: 초등학교 4학년~고등학교 3학년의 90% 이상이 참여하는 전수 조사
2차 조사: 약 4%만 뽑은 표본 조사

"유명 연예인으로부터 학창 시절 학교 폭력을 당했다."고 온라인 공간에 폭로하는 '학폭 미투'가 있다는 뉴스 기사를 접해 봤을 거예요. 전문가들은 "학폭이 피해자에게 남기는 후유증이 얼마나 심각한지 알면 뒤늦게 폭로하는 심정을 이해할 수 있을 것"이라고 말해요. 학폭 트라우마는 피해자의 마음속에 잠자고 있다가 가해자를 보거나 폭행 상황과 비슷한 장면을 볼 때 다시 그 기억이 떠오르면서 상처를 받게 돼요.

학교 안에서 학폭 가해자에 대한 정당한 처분이 이뤄지지 않다 보니 피해자의 심리적 상처가 오래간다는 지적도 있어요. 한 청소년 단체의 설문 조사를 살펴보면 학폭 이후 오히려 별다른 조치가 없었다는 것에 피해자가 더 큰 상처를 받는다고 해요.

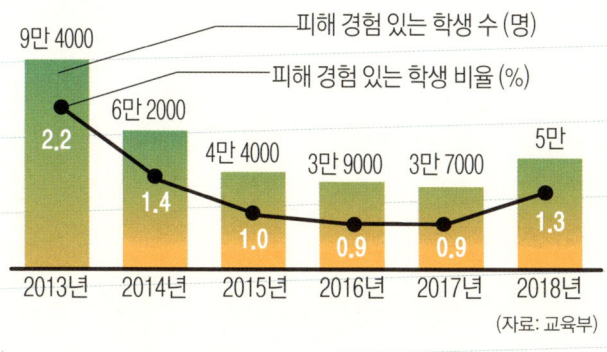

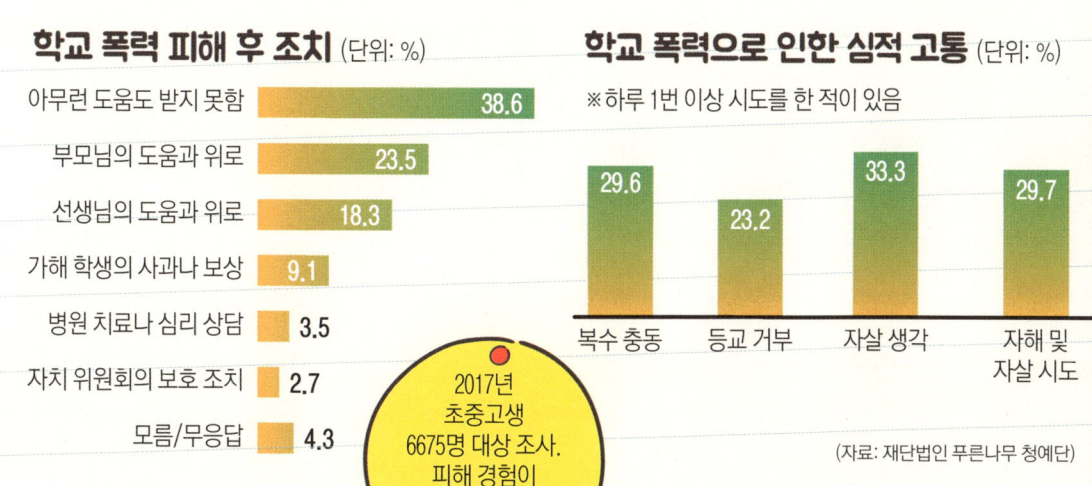

토론왕 되기!

친구 말에 무조건 따라야 할까?

친구들 사이에서 대장처럼 행동하거나 무슨 일이든 자기 뜻대로 해야 하는 어린이들이 있어요. 이런 성향의 친구들은 이래라저래라 명령하거나 잔소리를 잘합니다. 자기 의견이 무조건 옳다고 생각하기 때문에 친구들이 자기를 따라야 한다고 생각해요. 그렇게 하는 것이 진짜 우정이라고도 여기지요.

그런데 대장처럼 행동하는 친구들이 누구에게나 그런 건 아니에요. 평소 뚜렷한 가치관을 가지고 자기 의견을 소신 있게 주장할 줄 아는 친구들에게는 절대로 그런 행동을 하지 않아요. 자기 의사 표현을 잘 못하는 친구들에게만 그렇게 하는 것이죠. 그런 게 리더십이라고 착각하는 경우도 있어요.

친하다는 이유로, 친한 친구라고 해서 그 친구가 하는 말에 무조건 따라야 하는 걸까요? 친구의 의견이 내 생각과 다른데도 말이죠. 내 생각을 분명히 말하고 싶은데 용기도 안 나고 어떻게 말해야 할지 모를 수도 있어요. 친구의 말에 다른 의견을 냈다가 혹시 우정이 깨질까 염려하는 경우도 있지요.

다음의 사례를 보고 함께 생각해 봐요.

친구와 둘이 다른 친구들과 만나기로 한 약속 장소에 가고 있다가 다친 동물을 발견했어요. 여러분은 과연 어떤 선택을 할까요?

나는 약속 시간에 좀 늦더라도 다친 동물을 동물 병원에 데려다주고 싶어요. 그런데 친구가 자꾸만 짜증을 내면서 내 손을 잡아끕니다.

사람은 누구나 선택을 할 권리가 있어요. 그 권리는 누구도 침해할 수 없지요. 내 생각이 옳다고 생각되면 주저하지 말고 내 의견을 말하도록 해요.

내 의견을 당당하게 내세우고 끝까지 밀고 나가는 것도 중요해요. 어떤 결정을 내려야 할 때 소신 없이 친구의 의견에 무조건 따르는 행동은 스스로 주권이 없다는 것을 인정하는 것이에요. 이때 친구와 사이가 나빠지지 않도록 말하는 것 역시 중요해요. 화를 낸다거나 흥분을 하면 안 되고 내 의견과 그 까닭을 차분하게 이야기하는 것이 좋아요.

혹시 친구와 다투면 안 되니까 내키지 않는데도 친구의 의견에 무조건 따랐던 적은 없나요? 반대로 친구에게 내 의견을 따르라고 강요한 적은요? 그때 여러분의 기분은 어땠고, 친구 마음은 어땠을지 생각해 보아요.

생각해 보기

친구들이 학교 폭력을 당했다며 보낸 글입니다. 글을 읽고 학교 폭력인지 아닌지 판단하고 그렇게 결정을 내린 이유를 써 보아요.

1
지난 학기까지 친하게 지내던 친구가 있는데 어느 순간부터 말을 걸어도 무시하고 제 험담을 하고 다니는 걸 들었어요. 점점 학교 가기가 싫어져요.

○ ✕

2
제가 우리 반에서 가장 작아서 친구가 자꾸 '난쟁이', '땅꼬마'라고 놀려요. 처음 한두 번은 참았는데 계속 그러니까 듣기 싫고 화가 나요. 그래서 그렇게 부르지 말라고 화도 내 보았지만 아무 소용이 없어요. 학교 가는 게 너무 스트레스예요.

○ ✕

3
우리 반에서 제일 작은 친구가 있어요. 생긴 것도 귀엽고 행동도 귀여워서 제가 '스머프', '땅꼬마'라고 불렀어요. 그랬더니 이 친구가 엄청 화를 내는 거예요. 그래서 얼른 미안하다고 사과하고 다시는 그렇게 부르지 않겠다고 약속했어요.

○ ✕

정답

❶ ○. 관계적 괴롭힘도 학교 폭력이 아니다. 친구를 사이버 따돌림, 따돌림 등으로 괴롭히는 행위는 수사자나 집단이 지속적으로 괴롭힐 수 있다.

❷ ○. 따돌림 같은 언어폭력이 지속적이고 반복적인 경우 학교 폭력이 될 수 있다.

❸ ✕. 신체적이거나 언어적으로 고통을 주는 행위가 일회성이고 사과했으므로 학교 폭력이 아니라고 볼 수 있다.

친구를 사귀다

"박은서! 내가 아침에 빌려준 빗자루랑 쓰레받기 가져와."

예주의 말에 은서는 청소 도구를 주섬주섬 챙겼다. 아침에 청소했는데 또 청소!

"나는 반장으로서 해야 할 말을 하고, 할 일을 할 뿐이야. 그러니까 너무 섭섭해하지 마."

예주는 여전히 딱딱한 말투였다. 은서는 고개를 끄덕였다. 반장이라면 그럴 수 있다고 생각했다.

짝꿍 승기가 그런 예주를 보고 툭 한마디 던졌다.

"예주 네가 최고의 반장이라는 건 인정하겠어. 근데 어떤 땐 너무 참

견한다는 생각이 들어."

"내가 뭘?"

예주가 눈을 동그랗게 뜨고 승기에게 말했다.

"전학 온 지 얼마 되지도 않았는데 계속 은서한테 청소만 시키잖아. 아직 학교가 낯설 텐데."

"그래서?"

"뭐가 그래서야? 전학생한테 너무 다그치는 것 같아서 한마디 하는 거야."

승기가 반장에게 이런 말을 할 줄도 알다니! 정말 놀라웠다. 승기는 한눈에 딱 보아도 학급 일에 적극적으로 나서는 편이 아니다. 또 남의 일에 대해 참견하는 것도 싫어하는 타입이다. 전학 온 지 이틀밖에 안 됐지만 은서 눈에 승기는 그렇게 보였다.

"너, 니 짝꿍이라고 편드는 거야?"

"천만에! 난 그냥 할 말을 하는 것뿐이야."

그러면서 승기는 하던 일을 마저 하기 시작했다. 땀을 뻘뻘 흘리면서.

이번에는 한쪽 구석에서 분리수거를 하던 조그만 남자아이, 민준이라는 아이가 진지하게 말했다.

"반장! 승기 말에도 일리가 있어. 반장은 너무 우리를 속박하는 것 같아. 빈틈이 없어."

"속박?"

예주는 짧게 되묻고는 더 이상 다른 말을 하지 않았다. 예주가 민준이를 약간 어려워하는 듯 보였다. 키 작고 말이 없는 아이, 김민준. 은서는 그 아이를 한참이나 쳐다보았다.

예주는 아이들이 청소하는 걸 기다렸다가 검사까지 했다. 청소 끝나면 우리가 알아서 가겠노라고 해도 예주는 늘 아이들 청소 검사를 도맡아 하는 모양이었다.

'반장은 너무 힘들겠어. 나 같으면 못할 것 같아. 카리스마 짱이야.'

은서는 예주를 다시 쳐다보았다. 생김새는 털털하지만 책임감도 강하고 무슨 일이든 열심히 하는 예주가 대단해 보였다.

청소를 마치고 터덜터덜 교문을 나서는데 학교 근처 떡볶이집 앞에 있던 누군가가 은서의 이름을 불렀다.

"박은서!"

은서가 깜짝 놀라 쳐다보니 예린이가 문 앞에서 손을 흔들었다. 맛나떡볶이집 안에는 태희와 설리도 있었다.

"얼른 들어와. 너 기다렸어."

예린이가 은서 손을 잡아끌었다.

바로 그 순간 학급 회의 때 생각이 났다. 은서가 어떤 의견에 손을 들까 망설이고 있을 때 승기가 중얼중얼 혼잣말을 했다.

"남의 말에 흔들리지 말고 자기 생각대로 선택하는 게 중요하지."

은서는 분명 승기가 자기 들으라고 한 말이라고 느꼈다. 그 말에 용기를 얻어 은서는 자신의 생각대로 1번에 손을 들었다. 1번에 손을 든 아이들이 가장 많았고 그다음은 2번, 3번 순이었다. 그래서 자리 정하기는 키 순서대로 앉는 것으로 결정되었다.

의자에 앉자마자 예린이와 설리가 동시에 은서를 다그쳤다.

"너, 왜 아까 태희 의견에 손 안 들었어?"

"우린 너를 친구로 생각했는데."

은서는 아무 대답도 하지 못했다. 마치 자신이 큰 죄를 저지른 죄인처럼 느껴졌다.

"예린아, 설리야, 그 얘긴 그만해. 은서도 자기 생각이 있잖아. 자기 생각대로 손을 든 게 무슨 죄가 되겠어? 그치?"

태희의 나긋한 말투에 예린이와 설리가 동시에 고개를 끄덕였다.

"역시 태희는 마음이 태평양처럼 넓어."

"얼굴도 이름도 탤런트처럼 예쁘잖아."

그러자 태희가 싫지 않은 듯 미소를 지었다.

"우리 떡볶이 먹자. 아줌마, 여기 치즈떡볶이 4인분이랑 순대 1인분 주세요."

태희가 주문했다. 은서는 떡볶이보다는 튀김을 먹고 싶었다. 하지만 가만히 있었다. 얻어먹는 상황에서 이것저것 가리고 싶지 않아서였다.

떡볶이가 나오자 태희가 우아하게 포크를 들었다. 떡볶이를 콕 찍어 입에 넣는 태희의 모습은 은서가 봐도 참 예뻤다. 예린이와 설리도 태희를 흉내 내려고 하는 것 같았다.

"은서야, 너 왜 안 먹어? 내가 마음대로 떡볶이 시켜서 화났구나?"

"아니, 그런 게 아니고……."

은서가 다음 말을 하기도 전에 태희가 말했다.

"오늘은 신고식이니까 떡볶이랑 순대 값은 은서가 내는 게 좋겠어."

무슨 신고식? 하지만 은서는 속으로만 생각할 뿐 물어보지 못했다. 분위기가 그랬다.

은서는 얼떨결에 지갑을 열고 돈을 내야 했다. 왠지 모르게 억울한 느낌이 들었다. 떡볶이는 한 개도 안 먹었는데. 떡볶이집을 나가면서 태희가 건너편 화장품 가게를 가리켰다.

"오늘 신제품 나오는 날이야. 구경 가자."

공범 친구들

아이들이 태희 뒤를 쪼르르 따라나섰다. 지하철역 안에 있는 화장품 가게는 언제나 젊은 사람들로 붐비지만, 은서는 한 번도 가 본 적이 없다. 그곳에는 별의별 화장품이 다 있다고 했다. 화장품은 선크림밖에 안 쓰지만 은서는 그곳에 어떤 화장품이 있는지 궁금했다.

"나는 살 것도 없고 돈도 없는데."

떡볶이 값을 냈기 때문에 동전 몇 개만 주머니 속을 굴러다녔다. 은서가 쭈뼛거리자 설리가 손을 잡아끌었다.

"그냥 구경만 하면 되잖아."

화장품 가게는 분위기도 아주 세련되고 활기찼다. 울긋불긋 신기한 화장품들이 가득 찬 매장 안에 최신 음악이 흐르고 있었다. 아이들은 익숙한 걸음으로 이곳저곳을 다니며 물건을 골랐다. 매장이 어찌나 넓은지 은서는 한참 동안 어리바리하게 서 있었다.

그러다 은서는 태희를 발견하고 그쪽으로 달려갔다. 태희는 헤어 롤 세트와 립 틴트를 바구니에 넣었다.

은서는 그 옆에 있는 머리 끈이 마음에 들었다. 가격을 보니 2000원이었다. 떡볶이 값만 안 냈어도, 하는 아쉬움이 드는 순간이었다.

"너, 이거 갖고 싶구나."

눈치 빠른 태희가 말했다. 그러면서 선뜻 머리 끈을 집어 들었다. 은서의 얼굴이 환해졌다.

"내가 2000원 내일 갖다 줄게."

태희는 은서의 말을 들은 척도 하지 않고 계산대로 갔다. 은서는 주춤주춤 따라갔다. 계산대에 도착하자 태희는 누군가를 찾는 듯 이리저리 한참 살펴보더니 큰 소리로 이름을 불렀다.

"소예린!"

어디선가 예린이가 황급히 달려왔다.

"너, 도대체 어디 있었어?"

태희가 약간 짜증스럽게 말하자 예린이는 뭔가 잘못이라도 한 듯 어쩔 줄 몰라 하면서 대답했다.

"네일 코너에 있었어. 네일 리무버 좀 사려고."

그러는 예린이가 좀 이상해서 은서는 고개를 갸우뚱했다. 같은 친군데 왜 예린이는 태희 앞에서 꼼짝 못할까?

여왕벌이 생각났다. 태안에서 살 때 바로 옆집 할아버지가 벌을 기르는데 거기서는 모든 벌들이 여왕벌을 떠받들었다. 여왕벌을 따라 일벌들이 우르르 집을 나가기도 했다.

태희가 립 틴트와 헤어 롤을 계산대 위에 올려놓았다. 계산대 언니가

띠딕띠딕 가격표를 찍었다.

"립 틴트 5600원, 헤어 롤 세트 2800원이고 모두 합해서 8400원입니다."

그런데 물건을 산 태희는 눈 하나 깜짝 안 하고 서 있었다. 예린이가 지갑에서 만 원짜리를 꺼내 계산대 언니에게 주었다.

'어? 이상하다. 태희가 고른 건데 왜 예린이가 돈을 내지? 빌려주는 건가?'

태희는 예린이가 계산한 물건들을 집어 들더니 가방 속에 넣었다.

"예린아, 고마워. 넌 내 진정한 친구야."

그 말에 예린이가 활짝 웃었다.

가게를 나오자 태희가 은서에게 다가왔다. 그러더니 주머니에서 아까 은서가 사고 싶어 했던 머리 끈을 꺼냈다.

"어? 근데 이거 계산 안 한 것 같은데……."

은서의 말에 태희가 약간 짜증 난 목소리로 말했다.

"그냥 모르는 척하고 받아."

은서가 망설이자 태희가 억지로 머리 끈을 손에 쥐어 주었다.

"이 얘기 어디 가서 절대 하지 마. 그러면 너도 공범이 되는 거야."

"어째서 내가 공범이야?"

"너 내가 계산도 안 하고 나오는 거 알고 있었는데 말 안 했잖아. 그러니까 공범이지."

은서는 기가 막혔지만 아무 대답도 할 수 없었다.

"은서 신고식은 이만하면 성공이지?"

태희가 예린이와 설리를 돌아보며 말했다. 예린이와 설리가 키득키득 웃으며 고개를 끄덕였다.

은서는 마음이 찜찜했다. 떡볶이집에서 억지로 계산한 건 그렇다 치더라도 화장품 가게에서 계산도 안 한 걸 선물로 받게 될 줄이야.

"박은서, 우리 이제부터 친구야."

태희의 말에 설리가 한마디 했다.

"절대 배신하지 않기!"

예린이도 질세라 한마디 했다.

"다른 애들하고 친하게 지내지 않기!"

엉? 은서가 눈을 동그랗게 뜨자 태희가 예린이의 허리를 쿡 찌르며 말했다.

"다른 애들하고도 친하게 지내고, 우리끼리는 더더더 친하게 지내기! 알았지?"

"아, 그렇지!"

예린이가 머리를 긁적였다.

"참! 너 휴대 전화 좀 줘 봐."

태희의 말에 은서가 당황한 얼굴로 말했다.

"나 휴대 전화 없는데?"

"뭐? 휴대 전화가 없다고? 요즘 시대에 휴대 전화 안 갖고 다니는 아이들도 있니? 시골에서 전학 와서 그런가?"

"엄마, 아빠가 중학교 가면 사 주신대."

"쳇, 촌스럽긴. 휴대 전화 없으면 너, 우리들이랑 어떻게 대화할 건데? 단톡방에 초대하려고 했는데."

"단톡방?"

은서의 머릿속에 단톡방 이름이 떠올랐다.

"혹시 그 단톡방 이름이 '여왕벌'이야?"

"여왕벌이라니! 너, 무슨 소리 하는 거야? 우리 단톡방 이름은 '예공파'. 예쁜 공주들을 줄인 말이야."

은서는 상상했던 이름이 아니어서 조금 실망했지만 '예공'이라는 이름도 꽤 괜찮다고 생각했다.

 이번에도 왕따는 싫어

집에 돌아오니 엄마가 초조하게 기다리고 있었다.

"어떻게 된 거야? 올 시간이 넘었는데도 오지 않아서 얼마나 걱정했다고. 혹시 길을 잃었나 하고."

"엄마, 제가 뭐 어린애인가요? 길을 잃게."

"그런데 왜 이렇게 늦었어?"

은서는 가방을 내려놓고 물 한 잔을 시원하게 마셨다.

"친구들과 떡볶이도 먹고 화장품 가게 구경도 갔어요."

"친구들? 벌써 친구가 생긴 거야?"

엄마는 전학 온 지 이틀 만에 은서에게 친구가 생겼다는 말에 활짝 웃었다. 사실 은서는 친구 때문에 늘 힘들어했다. 잦은 전학으로 친구를 제대로 사귀지 못했고, 어떤 때는 왕따를 당해 학교에 안 가겠다고 한 적도 있었다.

그날 저녁, 은서는 휴대 전화를 사 달라고 졸랐다. 태안에서 살 때는 휴대 전화가 전혀 필요하지 않았다. 그런데 도시 학교로 전학 오니 어쩐지 휴대 전화가 없으면 친구와 친하게 지내지 못할 것 같은 불안감이 몰려왔다. 예전처럼 왕따를 당할 것 같다는 생각도 들었다. 단톡방에 초대받지 못하면 태희랑도 멀어질 것 같았다.

"그렇다면 우리 딸, 휴대 전화가 있어야 하는 이유, 세 가지를 말해 봐. 들어 보고 수긍이 가면 사 주는 걸 고려해 볼게."

아빠의 말이 끝나자 엄마가 말했다.

"도시에 오니까 쓸데없는 지출이 많아질 것 같은 불길한 생각이 드네. 그런데 은서에게 휴대 전화가 필요할 것 같기는 해. 오늘 같은 경우에 연락이 안 되니까 엄청 불안하더라고."

아빠의 말에 은서는 방으로 들어와 책상 앞에 앉았다. 뭔가 그럴듯한 이유를 생각해 내야 했다. 은서는 종이 한 장을 꺼내 휴대 전화가 있어야 하는 이유를 적기 시작했다.

은서가 내민 종이를 본 엄마와 아빠는 한참 동안 깔깔 웃었다.

첫째, 엄마와 아빠와의 긴밀한 연락을 위해서

둘째, 친구들과의 우정을 위해서

셋째, 은서의 행복을 위해서

은서는 친구들과 떡볶이를 먹어서 용돈을 다 썼다는 얘기는 했지만 그게 바로 신고식이었다는 얘기는 하지 않았다. 화장품 가게에 따라가

'알리기'와 '고자질하기'는 어떻게 다를까?

아무도 고자질쟁이가 되고 싶어 하지는 않아요. 사소한 일을 일러바치는 것과 누군가가 도움이 필요할 때 어른에게 알리는 건 완전히 다릅니다. 사소하고 별로 중요하지 않은 일을 사사건건 고자질한다면 친구와의 사이는 점점 멀어질 거예요. 나에게 직접적으로 영향을 주지 않는 상황이라면 살짝 무시하고 지나가는 것도 가끔은 필요합니다. 나에게 '분명히' 영향을 주지만 심각하지 않은 경우에는 스스로 대처하려고 시도해 보아요. 어른에게 알릴 때는 위험한 상황일 때나 도움이 필요한 상황이어야 하지, 단순히 누군가를 혼나게 하려는 목적이어서는 안 됩니다. 이건 친구 관계에서 아주 중요한 일이에요.

그래도 친구의 행동이 나에게 피해를 끼치는 일이라면 부모님에게 알려서 어떻게 행동해야 할지 상의하는 게 꼭 필요하답니다. 친구라고 무조건 비밀을 지키고 감싸 주는 건 바람직하지 않거든요.

서 구경을 하다가 태희라는 예쁜 친구가 2000원짜리 머리 끈을 선물로 줬다는 얘기는 했지만, 그게 계산을 안 한 것이라는 얘기 역시 하지 않았다.

　휴대 전화를 갖고 싶다는 얘기는 했지만 그게 왕따 당할까 봐 무서워서 라든지 단톡방 때문이라는 얘기 또한 하지 않았다. 말하지 않는 게 낫다는 생각이 들었기 때문이다.

친구와 관련된 속담

①**고슴도치도 친구가 있다.**
　누구에게나 친하게 사귀고 지낼 친구가 있다는 뜻.

②**소나무가 무성하면 잣나무도 기뻐한다.**
　가까운 동료나 친구 또는 자기편 사람이 잘되면 좋아한다는 뜻.

③**새도 가지를 가려서 앉는다.**
　새도 앉을 때는 가지를 고르고 가려서 앉는 것처럼 친구를 사귀거나 직업을 선택할 때는 신중하게 잘 생각해서 하라는 뜻.

④**동무 사나워 뺨 맞는다.**
　성미가 좋지 않거나 손버릇이 나쁜 친구와 함께 있다가 자기도 함께 봉변을 당한다는 뜻.

⑤**친구는 옛 친구가 좋고 옷은 새 옷이 좋다.**
　친구는 오래 사귄 친구일수록 좋다는 뜻.

⑥**먹을 가까이 하면 검어진다.**
　좋지 않은 사람과 사귀게 되면 점점 나쁜 점을 닮아 가게 된다는 뜻.

⑦**길동무가 좋으면 먼 길도 가깝다.**
　서로 생각하는 가치관이 비슷하거나 마음이 잘 통하는 친구와는 무슨 일을 해도 힘이 덜 든다는 뜻.

⑧ 걸어가도 친구 보면 타고 가자고 한다.
자신 혼자 있을 때는 홀로 모든 일을 처리하다가도 공연히 친구만 만나면 의지하고 싶어 한다는 뜻.

⑨ 된장과 사람은 묵은 것이 좋다.
예로부터 된장은 푹푹 삭혀 오래된 장일수록 그 장맛이 좋고 이웃이나 친구도 오래 사귀어 기쁜 일, 슬픈 일을 함께 겪으며 지낼수록 좋다는 뜻.

⑩ 맑은 물에 고기 안 논다.
물이 맑으면 고기들이 많을 것 같지만 물이 지나치게 맑으면 먹을 것이 별로 없어 고기가 모이지 않는다는 말로, 사람이 너무 정확하고 깔끔하면 주위에 친구들이 많지 않아 외롭다는 뜻.

⑪ 십 리 모래 바닥이라도 눈 찌를 막대는 있다.
십 리 길이 모래로 된 곳이라도 남을 해할 수 있는 막대기를 찾을 수 있다는 말로, 매우 친한 친구들만 모인 자리에서도 미운 사람이 있다는 뜻.

⑫ 어려울 때 친구가 진정한 친구다.
돈이 넉넉하거나 생활이 풍족할 때는 주위에 친구가 많지만 돈이 떨어지거나 생활이 어려워지면 사람들이 하나둘 떠나게 마련인데, 이때 진정한 친구는 끝까지 남게 된다는 뜻.

⑬ 친구 따라 강남 간다.
㉠ 때와 상황을 가리지 않고 친구를 무작정 따라 나서다 보니 강남까지 가게 되었다는 말로, 사람이 줏대가 없다는 뜻.
㉡ 믿을 만한 친구는 어디든지 따라 나설 수 있다는 뜻.

⑭ 좋은 친구가 없는 사람은 뿌리 깊지 못한 나무와 같다.
사람에게 좋은 친구가 없으면 위급한 때도 도움을 받지 못하고 잘못될 수도 있으므로 좋은 친구를 많이 사귀는 게 좋다는 뜻.

토론왕 되기!

친구의 잘못을 알았을 때 어떻게 행동해야 할까?

이 세상에 완벽한 사람은 없어요. 때로는 실수를 할 때도 있고 잘못을 저지를 때도 있어요. 그런데 중요한 것은 실수를 하거나 잘못을 저지르고 나서의 행동입니다. 실수를 인정하고 다시는 하지 않겠다고 다짐하는 사람이 있는가 하면, 실수를 결코 인정하지 않고 변명을 늘어놓는 사람이 있어요. 잘못을 저지르고 나서 그 잘못에 대해 크게 후회하고 다시는 똑같은 잘못을 저지르지 않기 위해 반성하며 노력하는 사람이 있는가 하면, 잘못을 후회하기는커녕 똑같은 잘못을 계속 저지르는 사람이 있지요. 그렇다면 어떤 사람이 나중에 멋진 사람으로 성장할 수 있을까요?

나는 친구가 잘못을 했다는 것을 분명히 알고 있어요. 직접 눈으로 지켜보았거든요. 물건값을 치르지 않고 슬쩍 가지고 나온 행동은 도둑질과 똑같아요. 그런데 친구의 잘못을 지적하지 않았어요. 혹시라도 잘못을 지적하면 친구가 싫어할까 봐, 친구가 당황할까 봐, 그 말을 하는 것이 거북해서 또는 귀찮아서 그냥 넘어갔어요.

그렇다면 그 친구는 앞으로 어떤 사람으로 성장할까요? 자신의 잘못을 알면서도 그랬다면 그 행동이 습관이 되어 '바늘 도둑이 소 도둑 된다.'는 속담과 같이 범죄자가 될지도 몰라요. 만약 친구가 자신의 잘못을 모르는 채 계속 똑같은 잘못을 하고 있다면 옆에 있는 친구는 당연히 그 잘못을 지적해서 고치도록 해야 합니다. 그게 바로 친구가 마땅히 해야 할 의무이면서 도리랍니다.

친구 앞에서 친구의 잘못을 이야기하는 것은 결코 쉬운 일이 아니에요. 큰 용기가 필요한 일이지요. 내가 용기를 내서 잘못을 지적하면 그 친구는 화를 낼지도 모르고

또는 당황할 수도 있어요. 그래서 잘못을 지적할 때의 태도가 참 중요합니다. 차분한 목소리로 "내 생각에 그건 아닌 것 같아.", "난, 네가 그 행동을 더 이상 하지 않았으면 좋겠어."라고 침착하고 진지하게 말합니다. 이때 친구를 배려하고 위하는 마음이 담겨 있어야 해요. 친구가 그런 마음을 느낄 수 있도록 말이에요. 비난하듯 말한다면 서로 사이만 나빠질 뿐이고 그 친구는 자신의 행동을 고치기 어려울 수도 있어요.

아주 친한 친구가 물건을 훔치거나 거짓말을 하는 걸 봤어요. 여러분은 어떤 말로 친구의 잘못을 알려 줄 수 있을까요? 별로 친하게 지내지 않는 친구가 나쁜 일을 하는 걸 봤어요. 친하지 않으니까 모른 척해도 될까요? 이 문제에 대해서 부모님, 친구들과 함께 이야기를 나눠 보아요.

속담 퀴즈

다음의 대화를 듣고 앞에서 배운 친구와 관련된 속담을 써 보아요.

대화 1

영후: 소연아, 나 이번에 성적 올라서 엄마한테 선물 받았어.
소연: 정말? 네가 성적이 올랐다니까 나도 너무 기쁘다!
영후: _____ 고 하더니 소연이 너는 진정한 내 친구야. 앞으로도 계속 친하게 지내고 공부도 같이 하자!

대화 2

민주: 엄마! 왜 나 안 깨웠어요? 친구들과의 약속 시간에 늦었잖아! 모두 엄마 탓이에요.
엄마: 얘가 무슨 소리야? 그렇게 일어나라고 해도 들은 척도 하지 않았잖아.
민주: 에이 씨, 열나 화난다.
엄마: _____ 더니 너, 요즘 이상한 친구들과 가까이 지내니? 입이 왜 이렇게 험해졌어?

대화 1. 소나기가 무엇인지 잠시나마 그렇습니다.
대화 2. 학을 가까이 하면 희계 된다.

 단짝의 비밀

태희는 은서에게 잘해 주었다. 은서는 그런 태희가 정말 좋았다.

"넌 나의 단짝이야."

태희가 팔짱을 끼면서 그런 말을 할 때는 정말 날아갈 것처럼 기분이 좋았다. 태희는 은서에게 자기가 가장 아끼는 거라면서 토끼 인형을 선물로 주었다.

"어렸을 때부터 나의 단짝이었던 토니야."

토끼 인형은 좀 낡았지만 그게 무슨 상관인가 싶었다.

엄마는 은서에게 진짜 친구가 생긴 것 같다고 말했다. 엄마는 무척이나 기뻐했다.

"은서에게 친구가 생겼다니까 기분이 날아갈 듯하네."

엄마가 좋아하니 은서도 덩달아 신이 났다.

그런데 태희랑 친해질수록 은서에겐 난처한 일이 자꾸만 생겼다.

"단원 평가 시험지를 집에 가지고 가서 부모님께 확인 사인을 받아 오세요."

단호박 샘이 평소처럼 단호하게 말했다.

공부가 끝나고 집에 가려는데 태희가 놀이터에서 잠깐 만나자고 했다. 은서가 놀이터에 도착하자 태희가 울상을 하며 말했다.

"나, 집에 가면 혼난단 말이야. 그러니까 시험지에 이름만 바꿔 쓰고 내일 시험지 돌려줄게."

은서는 당황했다. 한 번도 시험지를 바꿔 본 적이 없었기 때문이었다. 잘 보면 잘 본 대로 못 보면 못 본 대로 부모님에게 시험지를 보여 드렸다.

은서가 대답을 안 하자 태희가 눈물을 뚝뚝 떨어뜨렸다.

"어, 왜 울어? 태희야, 울지 마."

은서의 마음이 흔들리기 시작했다.

"그래, 알았어."

그러면서 은서는 가방 속에서 85점이라고 쓰여 있는 자신의 시험지를 꺼냈다. 시험지를 받아 든 태희는 지우개를 꺼내 박은서라는 이름을 싹싹 지웠다. 그러고는 자기 이름을 썼다. 또 24번 번호는 14번으로 뚝딱 고쳤다.

"고마워, 이 은혜 잊지 않을게. 역시 넌 나의 단짝이야. 참! 그리고 이건 너하고 나만의 일급비밀이야. 알았지?"

태희가 생긋 웃었다. 은서가 고개를 끄덕이자 태희는 교문 쪽으로 화다닥 달려갔다. 교문 앞에 예린이와 설리가 기다리고 있었다.

은서는 슬슬 걱정이 앞서기 시작했다.

'내일 선생님이 부모님 사인 왜 안 받아 왔냐고 하면 어떡하지?'

고개를 푹 숙이고 걸어가는데 어디선가 예주와 온유가 나타났다.

"박은서!"

부르는 소리에 고개를 돌려 보니 예주는 뭔가 하고 싶은 말이 많은 눈치였다.

"태희가 너보고 시험지 바꿔 달라고 했지?"

예주는 다짜고짜 물었다.

은서가 아니라고 고개를 흔들자 예주가 말했다.

"우리 둘이 급식실 앞에서 다 봤어. 네가 가방에서 시험지 꺼

내서 태희에게 주는 거."

은서가 아무 말도 하지 않자 온유가 입을 열었다.

"태희는 진정한 친구가 아닌 것 같아."

온유의 말에 예주가 말했다.

"그걸 우리가 판단할 순 없어. 어쨌든 은서야, 너한테 하고 싶은 말은 이거야. 태희하고만 어울리지 말고 우리와도 어울려. 네가 어떻게 생각할지는 모르겠지만 우리도 괜찮은 친구들이야."

예주의 말에 은서가 피식 웃었다. 반장이라서 기가 센 아인 줄 알았는데 선입견이었을 수도 있겠다는 생각이 들었다.

다음 날, 은서는 태희에게 시험지를 돌려 달라고 했다. 그러자 태희가 꾸깃꾸깃해진 시험지를 휙 던지며 말했다.

"넌 배신자야."

배신자? 태어나서 처음 들어 본 말이었다. 시험지에는 태희 부모님 사인이 없었다. 도대체 무슨 말을 하는 거야? 은서는 기가 막히고 기분이 나빴지만 아무 말도 하지 못했다.

"너, 어제 나 만난 다음에 예주랑 온유 만났다며?"

"그게 아니고……."

"그러니까 넌 배신자야!"

은서가 무슨 말을 하려고 했지만 태희는 듣지도 않고 예린이와 설리가 있는 복도로 휙 나가 버렸다.

 은서는 쉬는 시간에 예린이에게 말했다.

 "예린아, 태희가 뭔가 오해하고 있는 것 같아. 예주랑 온유를 만난 건 사실이지만 우연히 만난 거였어."

 "그래? 내가 태희한테 잘 말해 줄게."

 예쁘고 다정하고 친절한 태희는 은서가 이해 못할 행동을 가끔 했다. 그때마다 은서는 혼란에 빠졌다. 그래도 함께 여럿이 우르르 몰려다니는 게 즐거웠다. 다른 아이들이 부러운 눈초리로 보는 것도 기분이 괜찮았다. 혼자 있을 때보다 여럿이 몰려다니니까 자신감도 생겼다.

 그런데 집에 오면 왜 헛헛한 마음이 드는지 이유를 알 수 없었다.

진정한 친구란?

 은서는 잠자기 전에 엄마, 아빠에게 궁금한 것을 물었다.

 "아빠는 진정한 친구가 있어요?"

 "그럼!"

 "몇 명이나요?"

 "친구가 많다고 좋은 건 아냐. '좋은 친구가 단 한 명만 있어도 세상

살아가는 큰 힘을 얻게 된다.'는 말이 있어."

"와, 그 말 참 좋다. 그 명언 누가 한 말이에요?"

"누구긴. 바로 박기돈, 은서 아빠가 한 말이지."

그러자 엄마가 나섰다.

"요즘 은서에게 태희라는 친구가 생겨서 학교생활을 재밌게 하는 것 같은데 무슨 문제가 있는 거야?"

"어느 날은 단짝인 것 같은데 또 어느 날은 아닌 것 같고."

은서의 말에 엄마가 말했다.

"친구는 변함이 없어야지. 오해 같은 것 때문에 잠시 멀어질 수도 있지만 진정한 친구라면 그런 오해도 금세 풀리게 된단다."

은서는 아빠의 친구와 엄마의 친구들이 궁금해졌다.

엄마는 친구에 대해 이렇게 말해 주었다.

"내가 어려움에 닥쳤을 때 달려와 줄 친구는 과연 몇 명일까? 단 한 명이라도 있다면 꽤 괜찮은 삶을 살았다고 할 수 있지."

은서는 고개를 끄덕였다. 외할머니가 돌아가셨을 때 멀리 목포까지 달려와 준 엄마의 친구들이 떠올랐다. 그러자 아빠가 신나서 말했다.

"은서야, 아빠의 진정한 친구를 곧 만나게 해 줄게. 그동안 멀리 살아서 보기 어려웠는데 이제 자주 만나게 되었단다."

은서네가 이사 온 마을의 '원도심 활력 팀장'이 바로 아빠 친구라고 했다. 은서는 이곳에 이사 오고 나서 원도심이라는 말을 알게 되었다. 도시가 형성되고 발달하는 과정에서 최초로 도심지 역할을 한 지역이 바로 원도심이라고 했다. 원도심은 도시 개발에서 소외된 지역이어서 활력이 필요한 곳이라고도 했다.

"이번 토요일, 아빠 친구가 주관하는 마을 좌담회에 가 보자."

마을 좌담회는 낙후된 마을을 살리기 위해 결성된 모임인데 마을 사람들이 자발적으로 만들었다고 했다. 은서는 좌담회보다 아빠의 진정한 친구가 어떤 분인지, 그게 제일 궁금하고 기대가 됐다.

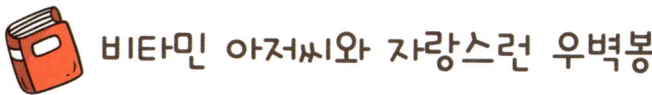 비타민 아저씨와 자랑스런 우벽봉

토요일이 되자 은서와 아빠는 행복 센터 2층으로 갔다. 20여 명 정도 되는 사람들이 옹기종기 모여 있었다.

"은서야, 아빠의 자랑스런 친구를 소개해 줄게."

행사 준비를 하던 한 아저씨가 달려왔다.

"아, 네가 바로 박기돈 딸이구나. 아저씨는 아빠 친구 유두식이란다. 별명은 비타민이지."

"왜 비타민이에요?"

은서의 물음에 아저씨가 쑥스러운 듯 대답했다.

"활력을 주는 사람이라나 뭐라나."

"그럼 저도 이제부터 비타민 아저씨라고 부를래요."

은서 말에 비타민 아저씨가 껄껄 웃었다.

오전 10시 정각이 되자 행사가 시작되었다.

사회를 맡은 비타민 아저씨가 프레젠테이션 화면을 보여 주었다. 처음 사진은 낡고 칙칙한 담벼락에 그림을 그려 넣은 모습이었다. 사라져 가는 우리 꽃이었다. 정말 멋졌다. 회색 담벼락에 커다란 연꽃 그림이 진짜처럼 생생하게 피어 있었다.

'저기가 어디지? 내가 사는 동네가 맞나?'

은서가 고개를 갸우뚱했다. 이사 온 지 얼마 안 돼 아직 가 보지 못한 데가 많았다.

"와, 우리 마을 정말 멋지다!"

"벽화 때문에 마을이 환해졌네."

사람들이 힘찬 박수를 보냈다. 은서가 보기에도 벽화는 참 예뻤다.

"그럼 이제 우리 프로젝트를 빛내 주고 있는 우벽봉을 소개하겠습니다. 자, 자랑스런 우벽봉 나와 주세요!"

비타민 아저씨가 무대 뒤쪽을 향해 큰 소리로 외쳤다.

"우벽봉? 도대체 우벽봉이 뭐지?"

은서가 중얼거리자 아빠도 고개를 갸우뚱했다.

"우벽봉이라면 무슨 봉우리 같기도 하네."

앉아 있는 사람들이 우레와 같은 박수를 보내자 세 사람이 무대 가운데로 쭈뼛쭈뼛 걸어 나왔다.

"어, 저분은 단호박 샘?"

은서가 아빠에게 말했다.

"아빠, 저분이 우리 담임 선생님인 단호박 샘이에요."

"근데 왜 단호박이야?"

아빠가 물었다.

"아이들이 지은 별명이에요. 하도 단호하다고 해서."

은서가 신나서 대답했다.

"어, 쟤는?"

은서는 정말 깜짝 놀랐다. 단호박 샘 옆에 서 있는 두 아이는 바로 같은 반 민준이와 도연이었다. 은서는 솔직히 도연이가 같은 반인지도 잘 몰랐다. 그만큼 도연이는 눈에 띄지 않는 아이였다. 민준이는 있는 듯 없는 듯 조용하지만 할 말은 하는 아이여서 기억에 남았다.

알고 보니 우벽봉은 '우리들의 벽화 봉사대'를 줄인 말이었다. 낡고 칙칙한 담벼락에 벽화를 그려 넣는 봉사대.

"어, 쟤네들이 이렇게 훌륭한 일을 했다고!"

은서는 행사가 끝날 때까지 입을 다물지 못했다.

행사가 끝나고 간단한 다과회도 열렸다. 우벽봉은 아직 회원이 두 명밖에 없다고 했다.

"은서도 함께 해 볼래? 은서가 미술에 관심이 많다고 들었거든."

단호박 샘의 말에 아빠가 고개를 끄덕였다. 알고 보니 두 사람은 이미 구면이었다. 아빠는 비타민 아저씨를 통해 이런 봉사를 알게 되면서 후원자로 활동하고 있었다. 담임 샘은 교육 대학교 시절에 미술을 전공했다고 했다. 그림 그리는 걸 좋아하는 은서가 이런 일을 마다할 이유는 없었다. 게다가 마을에 활력을 넣어 주는 일이니 말이다.

은서는 당장 우벽봉에 가입했다. 그리고 아이들과 함께 주말마다 벽

화 봉사를 하기로 약속했다.

금요일은 6교시가 있는 날이었다. 점심 먹고 한 시간을 더 하는 게 참 힘들었지만 은서는 그다음 날이 토요일이라는 사실에 들떠 있었다.

"우리 내일 옆 동네 지하상가 놀러 가자."

태희의 말에 설리와 예린이가 좋다고 손뼉을 쳤다.

"은서, 너도 괜찮지?"

"내일은 약속이 있어. 일요일에 만나면 안 될까?"

그러자 태희의 얼굴이 어두워졌다.

"그 약속을 다음으로 미뤄. 우리와의 약속이 제일 중요하잖아."

"그럴 수 없어. 그 약속이 먼저 잡힌 거야. 토요일마다 벽화 그리러 가야 하거든."

"아, 그 냄새나는 할머니, 할아버지 들 집 담벼락에 그림 그리는 거? 너도 그거 하는 거야? 너, 그렇게도 할 일이 없니?"

"할 일이 없어서 하는 게 아니고 내가 좋아서 하는 거야."

은서가 또박또박 대답하자 태희는 통보하듯 말했다.

"그러거나 말거나 어쨌든 내일 10시에 만나."

은서는 토요일 아침 일찍 우벽봉 아이들을 만나러 나갔다. 오늘은 독거노인들이 사는 집의 낡은 벽에 그림을 그리는 날이어서 빠질 수가 없었다. 아니, 빠지고 싶지 않았다. 은서는 단톡방에 미안하다는 말을 남겼지만 태희는 아무런 답을 주지 않았다.

생각이 달라도 친구가 될 수 있을까?

이 세상에 똑같은 사람은 단 한 명도 없어요. 일란성 쌍둥이도 완벽하게 똑같지는 않지요. 그러니 친구와 나는 얼마나 다를까요? 태어난 곳도 다르고 자라 온 환경도 다르고 생김새도 다르고 성격도 다르지요. 물론 생각도 많이 다를 겁니다. 어떻게 보면 다른 점보다 비슷한 점을 찾기가 훨씬 어려울 수도 있어요.

그런데 억지로 자기 생각에 맞추라고 강요한다면 친구 사이는 어떻게 될까요? 다른 점을 이상하게 생각한다거나 비난한다거나 흉을 보면 또 어떻게 될까요? 결코 좋은 친구가 될 수 없어요.

친구 사이에 서로 다른 점을 발견했을 때는 어떻게 해야 할까요?

"너는 왜 그렇게 행동을 하니? 이해할 수 없어."
"너는 어떻게 그런 생각을 할 수 있어? 정말 이상하다."

이런 말은 나와 다른 친구를 인정하지 않겠다는 뜻이에요. 다른 점을 이상하게 생각하거나 비난하고 비웃는다면 친구가 될 수 없을 거예요.

"너는 그렇게 생각하는구나. 나와는 다르지만 괜찮은데?"
"너는 나랑 참 다른 것 같아. 참 특별해."

이런 말은 친구의 다른 점을 그대로 인정하고 이해하겠다는 다짐이에요.

이렇게 하면 친구와 나 사이의 벽이 무너지고 친한 친구 관계가 될 수 있겠지요? 그게 바로 배려의 마음이에요.

인디언 말로 친구란 '내 슬픔을 자기 등에 지고 가는 사람'이라고 해요. 나와 잘 맞고 재미있게 놀아 주는 친구만 좋은 친구가 아니랍니다. 때로는 내 아픔과 상처, 단점까지 등에 지고 갈 수 있는 그런 친구가 진짜 소중한 친구이지요. 서로서로 부족한 부분은 감싸 주고, 약점이 있으면 장점이 될 수 있도록 도와주는 친구, 그런 친구가 바로 진정한 친구입니다.

말이 안 통하는 다른 나라 어린이와도 친구가 될 수 있을까요? 우리가 사용하는 언어는 말뿐 아니라 몸짓, 표정도 포함해요. 그러니까 말이 안 통해도 마주 보며 눈과 표정, 몸짓으로 충분히 의사 전달이 가능하다는 말이지요. 언어가 달라도 국적이 달라도 문화가 달라도 친구가 되는 데는 아무 문제가 없답니다.

나와 여러 면에서 정말 다른데 친하게 지내는 친구가 있나요? 그 이유가 무엇이라고 생각하나요? 성격도 비슷한 친구와 다툼이나 오해로 사이가 틀어졌던 적은 없나요? 어떤 이유 때문이었을까요? 친구들과 '진짜 친구'는 어떤 것인지 함께 이야기를 나눠 보세요.

나의 고민은?

여러분의 고민은 무엇인가요? 세 가지 이상 쓰고, 어떻게 고민을 해결할 것인지 방법을 생각해 보아요. 앞에서 제시한 친구들의 고민 중에서 골라도 되고, 새로운 고민을 써도 됩니다.

1 고민

해결 방법

2 고민

해결 방법

3 고민

해결 방법

예시

1. 고민 친구를 잘 사귀지 못한다.
   해결 방법 친구에게 먼저 다가가 인사를 건네고, 친구에게 친절하게 말을 건다.
2. 고민 용기 없다.
   해결 방법 내가 좋아하는 것이 무엇인지 잘 생각해 본다. 평소에 관심 있던 일에 도전해 본다.
3. 고민 말하기가 부족하다.
   해결 방법 평소에 영상이나 책을 읽으며 어휘를 공부하고 발음을 해 본다.

 친구의 고민

즐거운 월요일이었다. 토요일에 벽화 그리기 봉사를 하느라 몸은 힘들었지만 마음은 산뜻했다. 교실로 들어서니 태희와 예린, 설리가 모여서 얘기하고 있었다.

"얘들아, 안녕!"

은서가 인사를 하자 세 아이는 아무 말도 하지 않고 멀뚱멀뚱 쳐다보았다. 찬바람이 쌩 불었다.

'내가 뭐 잘못한 거 있나?'

아무리 생각해도 그럴 일은 생각나지 않았다.

'토요일에 같이 지하상가 안 갔다고? 설마! 분명 못 간다고, 선약이

있다고 말했는데. 사과 문자도 보냈고.'

그때 민준이가 들어왔다. 민준이는 원래 말이 없는 아이였다. 그런 민준이가 은서를 보고 활짝 웃으며 인사했다.

"안녕!"

"안녕!"

은서도 인사했다.

"쳇, 언제부터 둘이 저렇게 친했던 거야?"

태희의 비아냥거리는 목소리가 들려왔다. 뭔가 마음이 불편한 듯 보였다.

1교시가 끝나자 은서는 태희에게 쪼르르 달려가 제안했다.

"태희야, 오늘 우리 떡볶이 먹으러 가자. 내가 살게."

"나, 선약 있거든! 민준이랑 같이 먹든가!"

태희는 그러면서 보란 듯이 설리와 팔짱을 끼고 나갔다.

'아, 설마 또 왕따?'

그런데 이번엔 느낌이 좀 달랐다. 예전 학교에서는 마음의 상처를 많이 입었는데 지금은 그렇게까지 우울하지 않았다. 우벽봉 친구들이 있어서 그런 것 같았다.

은서는 오전 수업이 끝나고 점심 먹으러 가는 길에 화장실을 들렀다. 손을 닦으려는데 화장실 문이 열리고 예린이가 나왔다.

"어, 너 점심 먹으러 태희랑 같이 안 갔어?"

은서의 물음에 예린이가 고개를 푹 숙였다. 그러고 보니 눈이 토끼처럼 빨갰다. 울었나? 예린이는 항상 명랑한 아이였는데.

수업이 끝나고 교실을 나오는데 앞에 예린이가 보였다. 이상하게 예린이는 두 어깨가 축 처져 있었다.

"같이 떡볶이 먹으러 갈래? 점심 메뉴가 마음에 안 들어 조금 먹었더니 출출하다."

은서는 예린이의 손을 이끌고 예전에 갔던 맛나 떡볶이집으로 갔다. 손님이 아무도 없었다.

"자, 먹자."

은서는 떡볶이 2인분을 시키고 어묵도 1인분 시켰다.

"있잖아, 사실 난 태희가 진정한 친구라고 생각하고 내 비밀을 다 말했거든."

예린이가 머뭇머뭇 입을 열었다. 예린이의 부모님은 예린이가 다섯 살 때 이혼했고 지금 같이 사는 아빠는 친아빠가 아니라고 했다. 그런데 태희가 그 얘기를 다른 반 아이들에게 다 퍼뜨렸다는 것이다. 한 달에 한 번 친아빠를 만날 때마다 용돈을 2만 원씩 받는데 그 돈으로 태희가 사 달라는 걸 다 사 줬다는데도 말이다.

은서는 지난번 화장품 가게에서 태희 화장품을 예린이가 계산한 것이 떠올랐다.

얼마 전에는 햄스터를 사 달라고 해서 남은 용돈을 톡톡 털어 집과 먹이까지 사 주었는데, 엄마가 햄스터를 싫어한다면서 맡아 달라고 했단다. 하지만 새아빠가 알레르기가 있어서 동물을 키울 수 없다고 거절했더니 그때부터 태도가 확 돌변했다는 것이다.

그때였다. 떡볶이집에 예주와 온유가 들어왔다.

"엇, 너희들 웬일이야?"

예주가 반가운 듯 소리쳤다. 예린이는 얼른 손등으로 눈물을 훔쳤다.

"우리 같이 앉아도 될까?"

예주의 말에 은서와 예린이가 동시에 고개를 끄덕였다.

"심각한 얘기 하고 있었니?"

온유의 말에 은서와 예린이가 피식 웃었다. 긍정의 웃음으로 받아들였는지 온유가 진지하게 말했다.

"너희 둘 다 마상 입었구나?"

"마상?"

"마음의 상처."

예주가 대신 대답했다.

"은서, 너 전학 온 날엔 얼마나 어리버리했는지 몰라. 그런데 태희랑 잘 지내는 거 보고 내가 잘못 봤구나 했거든."

예주가 그동안 걱정했다는 듯이 엄마처럼 얘기했다. 알고 보니 예주는 형제가 많은 집 둘째였다. 처음에는 예주가 반장이랍시고 아이들 일에 일일이 참견하고 지시하는 줄 알았는데 그게 아니었다.

"난 우리 반 애들이 내 동생들 같아. 조그만 일에도 양보하지 않고 투닥투닥 싸우고."

그러면서 예주는 지난 학년 때 얘기를 했다. 예주가 잘못된 행동을 하는 애들에게 충고했더니 아이들이 예주를 왕따시켰다는 것이다. 처음 그런 일을 당했을 땐 예주도 화나고 속상했는데 지금은 그렇지 않다고 했다.

"내가 남 앞에서 전혀 부끄럽지 않은 행동을 했는데 아이들이 왕따를 시켰다면, 그건 내 잘못이 아니고 왕따를 시키는 아이들이 잘못된 거지. 안 그래?"

은서는 예주를 존경의 눈빛으로 바라보았다. 저런 자신감은 어디서 나오는 걸까?

"너희들, 태희 때문에 마상 입은 것 같은데 이번 기회에 태희를 이해하려고 노력해 봐."

은서는 고개를 갸우뚱했다. 어째서 예주가 태희를 옹호해 주는 걸까? 그동안 태희는 정말 나쁜 행동을 많이 했는데. 게다가 예주는 태희랑 친해 보이지도 않았다.

"난 잘 모르지만 태희가 그러는 건 분명 어떤 이유가 있을 것 같아. 그렇게 생각하니까 그냥 용서가 되고 안쓰럽게 보여."

"와, 예주. 너 정말 완전 어른처럼 말한다."

그때 예린이가 입을 뗐다.

"사실은 나 왕따잖아."

"네가?"

"우리 반 아이들이 나 왕따시키는 거 나도 알아."

"무슨 소리야? 넌 참 좋은 친구야."

은서는 진심으로 그렇게 생각했다.

 피구 시합

여전히 태희는 쉬는 시간이 되면 서너 명과 함께 화장실에 들어가 쑥덕쑥덕 수다를 떨었다. 얼마 전까지 은서와 예린이도 그 멤버였다. 그런 게 왠지 모르게 은밀하고 참 재미있고 좋았다. 그런데 이제 그 자리에 다른 아이들이 들어갔다.

드디어 찾아온 체육 시간은 거의 모든 아이들이 기다리는 시간이었다. 오늘 아이들은 피구를 할 생각에 들떠 있었다. 은서네 학교는 체육

관이 있어서 더운 날에도 시원한 에어컨 바람을 맞으며 신나게 운동할 수 있었다.

"오늘은 보디가드 피구입니다. 규칙을 잘 지켜 즐겁게 체육을 할 것으로 믿어요."

단호박 샘은 보디가드 피구의 규칙을 설명해 주었다.

"두 팀으로 나누는 건 너희들이 할 수 있지?"

피구 경기를 할 때마다 실력이 비슷한 두 명이 가위바위보를 해서 이긴 아이 먼저 자기편을 뽑는다. 오늘은 예주와 태희가 자기 팀이 될 아이들을 뽑는 차례였다.

친구 때문에 힘든 일이 있을 때는 어떻게 하면 좋을까?

마음이 힘들면 자신에게 힘이 나는 응원 몇 마디를 던져 보아요. "언젠가는 이겨 낼 수 있어.", "지난번에도 잘 이겨 냈잖아.", "잘 해결될 거야." 우리가 겪는 안 좋은 일들은 살아가면서 누구나 맞닥뜨리는 것이에요. 그러니 충분히 이겨 낼 수 있답니다. 친구 때문에 생긴 나쁜 기분에서 벗어나는 것도 중요해요. 안 좋은 상황이 닥쳤을 때 슬프거나 화가 나는 건 당연하고 자연스러운 감정이에요. 그렇지만 그 기분에 오래도록 사로잡혀 있는 건 나 자신에게 안 좋아요. 마음을 바꾸면 괴로운 감정도 더 빨리 사라집니다. 나를 속상하게 하는 생각이나 기억에서 벗어나 즐거운 일을 하면서 나 자신을 격려하고 응원해 주세요.

"드디어 반장 대 여왕벌의 대결이 성사되었군."

누군가의 말에 은서가 빙그레 웃었다. 누구지? 뒤돌아보았지만 누군지 알 수 없었다. 자신과 비슷한 생각을 하는 아이가 있다는 게 놀라웠

다. 예주가 지명하는 아이는 초록 조끼를 입고, 태희가 지명하는 아이는 노란 조끼를 입었다. 한 명 한 명씩 뽑혀 예주와 태희 쪽으로 갔다.

맨 마지막에 남은 아이는 은서와 승기였다.

"피구 못하는 애들만 남았네."

유권이의 말에 민준이가 나섰다.

"은서 실력은 아무도 모르잖아. 너 은서가 피구하는 거 봤어?"

"아니, 못 봤어. 근데 딱 봐도 알겠는걸. 운동 꽝이라는 걸."

그 말에 은서의 얼굴이 빨개졌다.

"태희야, 너 누구 뽑을 거야? 은서는 아니지?"

설리의 말에 태희는 우아하게 고개를 끄덕였다. 태희가 승기를 뽑는 바람에 은서는 예주 편이 되었다.

"자, 팀이 정해졌으니 남녀 짝을 지으세요. 남자는 보디가드가 되는 겁니다."

단호박 샘의 말에 아이들이 웅성거렸다. 여자애들은 자기가 마음에 드는 남자아이에게 다가가 짝을 하자고 손을 잡아끌었다. 은서는 멀뚱히 서서 그 광경을 바라만 보고 있었다.

"은서야, 나랑 짝 할래?"

뜻밖에도 민준이가 제안했다. 은서는 흔쾌히 고개를 끄덕였.

경기가 시작되었다. 아이들의 함성 소리, 땀과 열기가 체육관 안을 꽉 채웠다. 하나둘 공을 맞아 밖으로 나가고 마지막 두 팀만 남았다. 초록 조끼 팀의 은서와 민준이, 노란 조끼 팀의 태희와 승기였다.

반 아이들은 두 편으로 갈려 열렬하게 응원했다.

"초록 팀, 힘내라. 김민준, 박은서 잘해라."

"노랑 팀, 이겨라. 여왕벌을 지켜라."

민준이는 키는 작지만 최선을 다해 은서를 보호해 주었다. 은서는 뭔가 대접받는 기분에 절로 웃음이 나왔다. 민준이는 날아오르는 공을 은서 대신 맞아 주고 은서를 보호하기 위해 온 힘을 다했다.

상대편 승기도 최선을 다해 태희를 보호해 주었다.

'민준이를 위해 나도 뭔가 해 보자.'

은서는 공을 잡아 공격에 나섰다. 은서가 던진 공이 태희 팔에 맞았다. 그러자 태희가 자기 보디가드 승기에게 소리쳤다.

"이 바보야! 더 잘 막아야지!"

그러자 승기가 태희를 노려보았다. 승기의 얼굴에서는 땀방울이 뚝뚝 떨어지고 있었다.

"잘 못 막은 주제에 노려보긴 뭘 노려봐? 너 때문에 우리 팀이 졌잖아. 아유, 짜증 나!"

경기는 초록 팀의 승리로 돌아갔다.

고개를 푹 숙이고 있는 승기에게 예주가 다가갔다.

"승기야, 수고했어. 태희, 너도 수고했어. 근데 태희야, 네 보디가드한테 그렇게 함부로 말하면 안 되지!"

"무슨 참견!"

태희가 홱 돌아섰다.

경기하는 모습을 한 시간 내내 아무 말 없이 지켜보고 있던 단호박 샘이 아이들을 불러 모았다.

"경기에서 이기고 지는 건 중요한 게 아니야. 얼마나 협동하느냐가 중요한 거지. 이번 보디가드 피구를 하면서 느끼는 게 많았을 줄 안다. 나를 희생하고 내 짝을 보호한다는 건 생각보다 숭고한 일이지."

숭고, 라는 말에 반 아이들이 키득키득 웃었다. 그리고 때맞춰 시원한 하드가 배달되었다.

"우와, 단호박 샘 역시 최고!"

아이들이 한 손에 든 하드를 높이 치켜들며 나머지 한 손으로는 샘에게 손가락 하트를 날렸다.

"오늘의 MVP는 누굴까?"

"MVP요?"

"그래 너희들이 오늘의 MVP를 뽑아 봐."

아이들은 하드를 쭉쭉 빨며 잠시 생각에 잠겼다. 잠시 후 몇몇 아이들이 말했다.

"당근 민준이와 은서죠. 둘이 협동하여 경기하는 모습을 보니 참 부러웠어요."

"너희들이 직접 뽑은 오늘의 MVP는 김민준과 박은서에게 돌아갔다.

자, 다 같이 박수!"

단호박 샘이 흐뭇한 미소를 지었다.

은서는 이렇게 많은 아이들에게 박수를 받는 게 처음이라, 어색하기도 하고 기분이 좋기도 했다.

"운동 꽝인 나를 보호해 주느라 엄청 고생했어. 고마워."

은서의 말에 민준이가 환한 미소를 지었다.

그다음 은서는 태희와 승기에게 다가갔다.

"태희야, 승기야. 너희 둘도 수고했어."

목숨을 건 우정 이야기

최강식과 박정헌은 해발 6440m의 히말라야 산맥 촐라체 정상을 밟고 하산하던 중이었어요. 두 사람은 친한 선후배 사이였지요. 어려운 루트를 직접 개척해 오르는 것을 목표로 삼아 촐라체 북벽을 올랐답니다.

5300m 지점에 이르렀을 때였어요. 후배 최강식이 크레바스(빙하나 설계에 균열이 생겨 갈라진 틈새) 속으로 추락하고 말았어요. 순간 선배 박정헌이 피켈(등산할 때, 빙설로 뒤덮인 경사진 곳을 오를 때에 사용하는 기구. 얼음도끼)을 얼음에 박으며 제동을 걸었으나 아무 소용없었어요. 박정헌 역시 여기저기 휩쓸리며 아래로 미끄러져 내려갔지요. 두 사람 모두 크레바스 속 25m 아래로 떨어졌어요.

"두 발목이 부러졌어."

박정헌 아래에 간신히 매달려 있는 최강식이 말했어요. 최강식 바로 위의 박정헌 역시 안경이 부서지고 갈비뼈 두 개가 부러졌어요. 박정헌은 그 몸으로 자일(등산용 밧줄) 끝에 매달려 있는 최강식의 몸무게를 견뎌 내야 했지요. 자일은 두 사람 사이를 연결한 유일한 생명 줄이었어요.

'자일을 끊어야 하나?'

그런 끔찍한 생각을 했다가 박정헌은 힘차게 외쳤어요.

"죽어도 함께 죽고 살아도 함께 살자!"

최강식이 고개를 끄덕였지요. 그런 결정을 내려 준 선배가 얼마나 고마웠을까요. 한편으로는 미안한 마음도 들었을 거고요.

"이 빙벽을 내려가려면 몸을 가볍게 해야 해. 빙벽을 내려가는 데 필요한 도구만 남기고 모두 버리자."

두 사람은 배낭을 버렸어요. 소중한 배낭이었지만 지금 두 사람에게는 무거운 짐일 뿐이었지요.

두 사람은 서로의 눈이 되고 다리가 되어 기적적으로 빙벽 지대를 벗어났어요. 그러나 후배 최강식은 다리를 더 이상 움직일 수 없었어요. 설상가상으로 눈까지 내리기 시작했지요. 결국 박정헌은 구조 요청을 하기 위해 혼자 산을 내려오

기로 했어요. 빨리 구조를 요청하는 것만이 살 수 있는 길이었으니까요. 그러나 그는 구조 요청도 하지 못한 채 움막에서 의식을 잃고 쓰러졌답니다.

혼자 남겨져 있던 최강식은 눈이 쌓이자 불안해지기 시작했어요. 그래도 선배가 자기를 버렸다고 생각하지 않았어요.

"선배가 어디서 쓰러진 게 분명해. 선배를 찾아야 해."

최강식은 5시간 동안 네 발로 기고 몸을 굴린 끝에 드디어 박정헌이 쓰러져 있는 곳에 도착했고 정신을 잃은 박정헌을 깨웠어요. 두 사람은 서로를 부축하며 빙벽을 타고 암벽을 넘어 가까스로 살아 돌아왔어요. 9일간의 사투였지요. 모든 사람들이 죽었다고 포기했을 때 두 사람은 서로에 의지한 채 살아 돌아온 것이랍니다.

혹독한 추위와 부상의 고통에서도 이들이 서로를 놓지 않은 이유는 무엇일까요? 끝까지 희망을 버리지 않는 삶의 태도와 서로에 대한 믿음과 우정이 아니었을까요?

토론왕 되기!

친구 사이에 생긴 갈등은 어떻게 해결하면 좋을까?

아무 문제없이 잘 지내던 친구와 사이가 멀어졌던 때가 있었나요? 있었다면 언제인지, 그리고 그 이유가 무엇인가 생각해 보아요.

믿었던 친구에게 배신감을 느꼈을 때, 친구가 나를 괴롭힐 때, 친구가 나에게 좋지 않은 말을 할 때, 친구가 나에 대한 안 좋은 소문을 퍼뜨릴 때, 둘만이 알고 있는 비밀을 지켜 주지 않을 때 등등 많이 있을 거예요.

만약 그런 일이 벌어졌다면 어떻게 해야 할까요? 그냥 모른 척하고 친구와 멀어진 채로 지낼까요? 아니면 내가 먼저 다가가 화해의 손을 내밀까요?

만약 친구 관계를 계속 유지하고 싶다면 얼른 친구를 만나야 합니다. 무엇 때문인지 이유도 모르는 채 갈등 상황이 지속되면 사이는 더욱더 벌어지고 나중에는 해결하기 어렵게 되거든요.

내가 속상한 이유를 침착하고 분명하게 이야기해요. 이때 절대로 화를 내거나 흥분하면 안 됩니다. 내가 노력했는데도 친구가 마음을 열지 않는다면 그때는 친구의 마음이 풀리기를 기다리는 수밖에 없어요. 기다리는 시간이 힘들 수도 있지만 참고 이겨 내야 하지요.

친구와 갈등이 생기는 건 내가 잘못했거나 친구가 잘못했거나 하는 경우예요. 둘 다 잘못했을 경우도 있지요. 만약 둘 다 잘못했다면, 내가 먼저 사과하는 것이 좋아요. 사과를 받아들이는 것보다 사과를 하는 것이 더 용기 있는 행동이랍니다.

진심 어린 사과를 한다면 우정의 위기를 잘 넘길 수 있을 거예요. 말로만 미안하다고 해서는 진심이 전해지지 않아요. 정확히 어떤 행동 때문에 미안한 것인지, 어떤 말 때문에 미안한 것인지 분명히 밝히면서 제대로 사과를 해야 합니다. 무슨 일이 있어도 자신이 잘못한 일을 친구 탓으로 돌려선 안 돼요.

친구 사이에도 지켜야 할 선과 간격이 있어요. 가까운 친구 사이일수록 적당히 거리를 유지해야만 좋은 관계를 지속할 수 있지요. 가까운 사이일수록 지켜야 할 예의도 있어요. 가깝다고 함부로 대하거나 예의를 지키지 않는다면 그 우정은 쉽게 깨질 수밖에 없답니다. 친구가 이 정도는 이해해 줄 거라고, 편한 마음에 함부로 대해서는 안 되겠죠?

친구와 싸우거나 갈등이 생겼을 때 여러분만의 해결 방법이 있나요? 단순히 미안하다는 말 외에, 또 어떤 행동을 취했나요? 다른 친구들은 어떤 특별한 방법을 갖고 있는지 함께 이야기해 보세요.

체크하기

다음 행위 중에서 친구가 싫어할 만한 행동, 학교 폭력으로 문제가 될 수도 있는 내용을 찾아 ✔표시를 해 보아요.

1 말로 위협하거나 협박하는 행위 ☐

2 말을 걸어도 무시하고 면박을 주는 행위 ☐

3 상대방의 약점을 들춰 내어 조롱하거나 괴롭히는 행위 ☐

4 상대방이 좋아하는 별명을 부르는 행위 ☐

5 본인이 싫어하는 사진이나 동영상을 퍼뜨리는 행위 ☐

> 정답: 4을 제외한 나머지는 친구가 싫어할 수도 있는 행동이에요. 4번이라 할지라도, 상대방이 불쾌해 한다면 그만두어야 해요.

모래알 친구? 찰흙 친구?

은서는 우벽봉 활동을 하면서 태희와 사이가 점점 멀어졌다. 태희는 은서와 예린이 자리를 차지한 다른 아이들과 팔짱을 끼고 다니며 즐겁게 웃고 떠들었다. 화장실에 몰려가서 이야기하는 것도 여전했다. 친하다고 생각했던 태희가 은서를 전혀 모르는 아이인 것처럼 대하는 게 은서는 이해되지 않았다.

'태희한테 나는 뭐였을까? 짧은 동안이긴 해도 예전에 나를 친구로 생각하긴 한 걸까?'

은서는 이제 더 이상 태희에게 신경 쓰지 않기로 했다.

월요일 아침, 예주가 교실로 들어오자마자 들뜬 목소리로 말했다.

"애들아, 너희들 피구 대회 열린다는 홈페이지 알림 글 봤어?"

"응, 봤어. 토너먼트로 진행되니까 한 번 떨어지면 끝이야."

유권이가 신나서 대답했다.

"대회까지 한 달밖에 안 남았어."

그날 이후로 아이들은 모이기만 하면 피구 대회 이야기를 했다. 그동안 체육 시간에 여러 가지 피구를 참 많이도 했다. 보통 피구는 물론이고 보디가드 피구, 흡수 피구, 여왕님 피구 등등.

은서는 그중 흡수 피구가 가장 마음에 들었다. 공에 맞으면 그 즉시 상대편으로 흡수되는 방식이었다. 네 편 내 편을 따로 가리지 않고 즐길 수 있어서 좋았다. 약간의 반전도 있었다. 좋아하는 친구를 내 편으로 만들고 싶다면 죽기 살기로 그 친구를 맞혀야 한다.

"우리 반이 피구는 제일 잘할걸!"

"아냐, 7반에도 날아다니는 아이가 두 명이나 있어."

"우리 반에도 다리에 바퀴 달린 애들 있잖아."

다훈이와 유권이를 두고 하는 말이다. 다훈이와 유권이는 공부에는 통 관심이 없지만 달리기뿐 아니라 모든 운동에 뛰어났다.

"예주도 만만치 않아."

"공부도 잘하고 운동도 잘하고. 예주야? 너는 어떻게 그럴 수 있지? 불가사의해."

예주를 따르는 몇몇 여자 아이들의 말에 예주가 대답했다.
"무조건 열심히 하면 돼."
"아무리 열심히 해도 안 되는 게 있어. 수학이라든지."
"일단 어떻게 하면 피구 대회에서 우승할 수 있을지 학급 회의에서 전략을 짜 보자."
예주의 말에 태희가 얼굴을 찡그렸다.
"에구, 그 놈의 학급 회의. 무슨 일만 일어나면 회의야."

그러자 예주가 태희를 향해 윙크를 했다.

"피구 대회에 태희, 네가 빠지면 안 되는 거 너도 알지?"

태희는 팽 토라진 얼굴이었다가 그 말에 엷게 미소를 띠었다.

몇 번의 회의 끝에 반 대표 선수가 결정되었다. 함께 연습하면서 아이들은 그동안 서로 몰랐던 점을 알게 되었다. 공을 정확하게 던지는 아이, 공을 잘 피하는 아이, 작전을 잘 짜는 아이 등.

그렇게 하여 체육부장의 지시에 따라 아이들은 연습을 했다. 예전에는 이기려고 온갖 수단과 방법을 동원하던 아이들, 자기들이 맞았다고 고래고래 소리를 지르던 아이들이 모두 하나가 되어 연습을 해 나갔다. 조금 참고 조금 양보하고 때로는 자기 의견을 정정당당하게 내세우고, 그 의견을 시원스럽게 잘 받아들이면서 말이다.

"어머나, 우리 반이 예전엔 모래알 같았는데 이제 찰흙처럼 단단해졌네. 뭣 때문이지?"

단호박 선생님이 깜짝 놀라 물었다.

태희는 끝내 선수에서 빠졌다. 잘하는데 본인이 안 하겠다고 하여 어쩔 수 없었다.

"요즘 다리가 아파서 좀 힘들어요."

아이들은 태희의 말을 안 믿었다. 그런데 나중에 알고 보니 태희 말은 거짓말이 아니었다. 키가 갑자기 크려는지 성장통으로 다리가 아팠던 것이다.

선수가 아닌 아이들은 남아서 응원을 하기로 했다. 그런데 태희는 또 빠지겠다고 했다.

"다리가 아파도 응원은 할 수 있지 않아?"

예주의 말에 태희가 화를 내며 말했다.

"내가 주인공도 아닌데 왜 주인공들을 응원해야 해? 시간 아깝게."

"너, 우리 반 맞아?"

"뭐든지 자기가 주인공이 되려고 하는 저 심보는 뭐지?"

아이들은 태희를 향해 일제히 비난의 화살을 던졌다. 이 일로 태희는 자의 반 타의 반 왕따가 되어 버렸다.

 함께여서 좋은 친구

학년 피구 대회는 안타깝게 2라운드에서 탈락했다.

"그깟 1등, 못 하면 어때?"

"그래, 최선을 다했으면 됐지. 우리 반 선수들 모두 수고했어."

"너희들이 응원해 준 덕에 그래도 2라운드까지 갔어."

반 아이들은 너나없이 서로를 칭찬했다.

그때였다. 항상 씩씩하던 예주가 눈물을 훔쳤다.
"야, 반장 운다!"
"우리가 서로 치켜세우니까 감동했나 보다."
단호박 샘이 이 모습을 보더니 한 가지 제안을 했다.
"우리 이렇게 협동이 잘되니까 리코더 합주 대회 한번 나갈까? 이건 전국 대회라서 입상하기는 쉽지 않아. 참가하는 데 의의를 두자고!"
이때 반 아이들이 와와, 소리를 지르며 손뼉을 쳤다. 찬성한다는 뜻이었다.

"이번엔 태희도 할 거지? 다리 아파도 할 수 있는 거니까."

태희는 음악을 잘한다. 피아노도 잘 치고 리코더도 잘 분다.

"글쎄, 생각해 보고. 그런데 너네 실력으로 전국 대회를 나간다고? 이 정도 실력이라면 개나 소나 다 나오겠네."

"개나 소? 우리가 개나 소란 말이야? 어떻게 우리를 개와 소에 비교할 수 있어?"

"야, 태희 빼고 해."

반 아이들은 모두 외면을 했지만 반장 예주와 부반장 온유가 태희를 붙잡고 설득했다.

"태희야, 우리는 네가 필요해."

은서는 예주와 온유를 보며 속으로 반성했다.

'반장 예주와 부반장 온유는 정말 괜찮은 친구야. 태희에게 먼저 다가가는 걸 보면.'

그렇지만 태희는 끄덕도 안 했다.

하지만 날마다 삑삑 소리를 내며 연습하는 아이들을 보고 귀를 막던 태희도 나중에는 고개를 절래절래 흔들며 어려운 운지법을 가르쳐 주거나 예쁘게 소리 내는 방법을 알려 주기 시작했다.

"흥, 좀 더 어려운 곡으로 하면 나도 참여할 마음이 있어."

태희의 말에 민준이가 말했다.

"우리에게 중요한 것은 많은 아이들이 참여하는 거야. 어려운 곡 해서 버벅거리는 것보다는 누구나 할 수 있는 쉬운 곡을 좀 더 다양하게 편곡해서 듣는 사람이 전혀 지루하지 않게 하자."

"그럼 학급 회의를 열어 다수결로 정할까?"

예주의 말에 반 아이들이 깔깔 웃었다. 모든 일을 다수결로 정하는 예주의 방법이 이제는 익숙해진 듯하다. 많은 아이들이 민준이의 의견에 손을 들었다.

태희는 잠시 삐쭉이며 말했다.

"나는 그렇게 쉬운 곡에는 참여하고 싶지 않아."

말은 그렇게 했지만 점심시간에 아이들이 삼삼오오 모여 연습을 할 때면 안 듣는 척하면서도 꼭 한마디씩 했다.

"야, 그 정도 실력이면 예선도 통과 못 해."

'또 잘난 척.'

은서는 못마땅한 얼굴로 태희를 쳐다보았다. 그런데 신기한 일이 벌어졌다. 태희가 한 명 한 명 개인 지도를 해 주기 시작한 것이다.

다음 날, 높은 음과 낮은 음이 모여 맞춰 보기로 했다.

높은 음을 맡은 아이들이 무시하듯이 말했다.

"보나 마나 또 셋째 줄에서 막히겠지, 뭐. 어려운 부분만 나오면 느려지고 쉬운 부분이 나오면 또 엄청 빨라지고."

그런데 막상 해 보니 낮은 음 파트 아이들은 박자에 맞춰 음정도 정확하게 잘 불었다.

"와, 너희들 어떻게 된 거야?"

예주의 말에 은서가 태희를 가리켰다. 아이들이 태희를 향해 박수를 보냈다.

"이건 모두 태희 덕이야."

공부가 끝날 즈음 피자가 배달되었다.

"와와! 피자 파티다!"

단호박 샘이 생긋 웃으며 말했다.

"이 피자를 봐. 여덟 조각이 모여 완벽한 원을 만들 듯이 한 조각이라도 빠지면 원이 되겠니?"

그러면서 단호박 샘이 피자 한 조각을 입에 넣었다.

"그렇다고 이 맛있는 피자를 안 먹을 수는 없지. 냠냠."

그 말에 모두들 배꼽이 빠져라 깔깔 웃었다.

"모두가 참여하는 것에 의의가 있다고 본다. 입상 못 하면 어때. 우리 반 모두가 참여했는데. 그거면 됐지!"

샘의 말에 아이들이 박수를 쳤다.

은서의 마음속에 뭔가가 끓어올랐다. 갑자기 눈물이 뚝 떨어졌다.

"은서야, 너 왜 그래? 피자 보고 감격했구나."

"그냥, 그냥 좋아서."

그때 태희가 다가와 은서의 팔짱을 꼈다.

"나도 좋아. 이렇게 모두 모여 있으니까 좋아."

태희는 그동안 참 많이 외로웠다고 했다. 친했던 아이들이 하나둘 떠나자 너무나 슬펐다고 했다. 또 자신의 행동에 어떤 문제가 있는지 많이 반성했다고 한다.

'태희, 그래도 넌 우리들의 여왕벌이야. 우리들은 너를 많이 부러워하고 좋아하거든.'

은서는 속으로 생각했다.

"함께하는 게 이렇게 좋은지 몰랐어."

태희의 말에 단호박 샘이 얼른 말했다.

"함께 먹으니 얼마나 즐거운가!"

이어서 예주가 말했다.

"함께 놀면 더 재밌다."

뒤이어 아이들이 너도나도 한마디씩 했다.

"함께하면 즐겁다."

"함께하면 힘이 덜 든다."

"함께 가는 길은 지루하지 않다."

"함께 벌 받으면 덜 슬프다."

유권이의 말에 아이들이 깔깔 웃었다. 숙제를 자주 안 해 와서 벌 청소를 받던 유권이의 모습이 떠올라서였다.

피자를 먹고 나서 선생님이 학습지 한 장을 나눠 주었다. 내가 생각하는 진정한 친구란 무엇인지 세 가지를 적어 보라는 것이었다.

"에이, 뭐야? 피자 주시고 이렇게 어려운 문제를 내주시다니!"

아이들이 선생님을 향해 불평을 터뜨렸다.

"이 세상에 공짜가 어디 있어?"

단호박 샘이 활짝 웃으며 말했다.

은서는 곰곰 생각해 보았다. 예전에 다니던 학교에서 왕따라고 생각했던 일, 그래서 친구들과 어울리지 않았던 일. 그리고 이 학교에 전학 와서의 일들.

은서는 학습지에 쭉쭉 써 내려갔다.

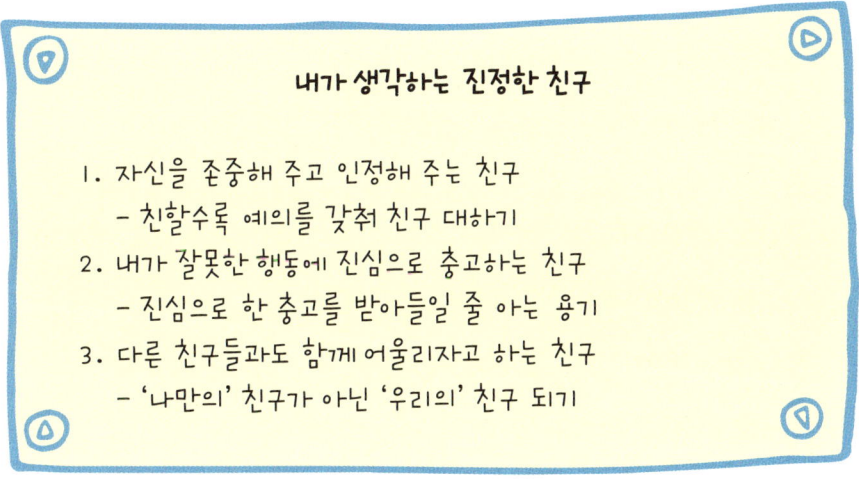

내가 생각하는 진정한 친구

1. 자신을 존중해 주고 인정해 주는 친구
   - 친할수록 예의를 갖춰 친구 대하기
2. 내가 잘못한 행동에 진심으로 충고하는 친구
   - 진심으로 한 충고를 받아들일 줄 아는 용기
3. 다른 친구들과도 함께 어울리자고 하는 친구
   - '나만의' 친구가 아닌 '우리의' 친구 되기

은서는 앞으로도 친구가 더 많이 생길 것 같아 너무나 행복했다. 친구 사귀는 게 이제 조금도 두렵지 않았다.

친구의 소중함에 관한 명언

벗이 있어 먼 곳에서 오면 즐겁지 아니한가. - 공자

진정한 친구는 가장 소중한 보물이다. - 벤자민 프랭클린

참다운 친구는 좋을 때는 초대해야만 나타나고, 어려울 때는 부르지 않아도 나타난다. - 스페인 격언

친구는 성공을 빛내 주고 불행은 줄여 준다. - 키케로

친구란 두 몸에 머무르는 하나의 영혼이다. - 아리스토텔레스

친구를 보면 그 사람을 알 수 있다. - 메난드로스

진실한 우정은 느리게 자라는 나무와 같다. - 조지 워싱턴

친구는 모든 것을 나눈다. - 플라톤

불행은 누가 진정한 친구가 아닌지를 보여 준다. - 아리스토텔레스

만약 누군가를 당신의 편으로 만들고 싶다면, 먼저 당신이 그의 진정한 친구임을 확신시켜라. - 에이브러햄 링컨

여러분과 리무진을 타고 싶어 하는 사람은 많겠지만, 정작 여러분이 원하는 사람은 리무진이 고장 났을 때 같이 버스를 타 줄 사람입니다. - 오프라 윈프리

친구에 관한 사자성어

간담상조(肝膽相照) 간과 쓸개를 내놓고 서로에게 보일 정도로 서로 마음을 터놓고 사귄다는 뜻.

지기지우(知己之友) 자기를 가장 잘 알아주는 뜻이 맞는 친구.

이인동심(二人同心) 두 사람인데 마음이 같다는 뜻으로 절친한 친구 사이를 뜻하는 말.

교천언심(交淺言深) 얼마 안 된 사이지만 마음을 열고 이야기한다는 뜻.

막역지우(莫逆之友) 마음이 맞아 서로 거스르는 일이 없는 생사를 같이할 수 있는 친밀한 벗을 이르는 말.

관포지교(管鮑之交) 관중과 포숙의 우정처럼 허물이 없는 친구 사이라는 뜻.

수어지교(水魚之交) 물고기가 물을 떠나 살 수 없듯이 아주 친하여 떨어질 수 없는 사이.

죽마고우(竹馬故友) 어릴 때부터 말을 타고 같이 자란 친구라는 뜻으로 가까이 지내며 자란 친구.

환난지교(患難之交) 고난을 함께 이겨 낸 친구.

금란지교(金蘭之交) 황금과 같이 단단하고 난초 향기와 같이 아름다운 사귐이라는 뜻.

백아절현(伯牙絕絃) 자신의 연주를 들어주던 친구가 죽자 백아가 거문고 줄을 끊었다는 뜻으로, 진정으로 친한 벗을 잃었을 때의 슬픔을 이르는 말.

단금지교(斷金之交) 쇠붙이도 끊을 만큼 우정이 깊은 사이를 이르는 말.

토론왕 되기!

이런 친구를 사귀고 싶어!

가슴이 두근두근. 새학기가 시작되면 당장 어떤 친구를 사귀게 될지 기대도 되고 걱정도 될 거예요. 이상하게도 공부는 노력해도 되는데 친구 사귀는 일은 노력만으로 되는 게 아닌 것 같아요.

여러분은 친구를 사귀는 데 있어서 일순위로 생각하는 게 뭔가요? 한 설문 조사에 따르면 성격 좋은 친구를 사귀고 싶다는 게 1위였대요. 무려 50%가 넘었죠. 여학생들은 성격이 좋으면서 말솜씨도 있으면서 인기 많은 친구를 선호했어요. 마치 은서가 태희랑 제일 먼저 친구가 되고 싶어 했던 것처럼요. 남학생들은 성격 좋으면서도 운동을 잘하고 외모가 좋은 친구를 선호했고요.

많은 친구들이 실제로 친구 사귀는 걸 어려워한다고 대답하지는 않았지만, 친구 사귀는 데 특별한 노력이 필요하다고 대답했어요. 여러분도 같은 생각인가요? 친구는 노력을 해야지만 사귈 수 있을까요?

가장 사귀고 싶은 친구는

- 56% 성격이 좋은 친구
- 13% 공부 잘하는 친구
- 10% 인기 많고 말솜씨가 좋은 친구
- 9% 운동 잘하는 친구
- 7% 외모가 좋은 친구
- 5% 기타(성격이 비슷한 친구, 첫인상이 좋은 친구, 재미있는 친구 등)

친구를 사귈 때 해서는 안 될 행동은

- 필요에 따라 사람을 가려 노는 행동 32%
- 험담을 하는 행동 28%
- 말꼬투리를 잡고 잘난 척하는 행동 23%
- 질문에 답이 없고 어수룩해 보이는 행동 10%
- 센 척하는 행동 7%

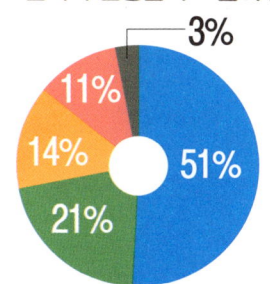
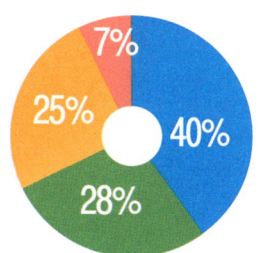

성격이나 자기한테 주어진 상황 때문에 친구 사귀는 걸 어려워하는 어린이도 있을 거예요. 하지만 대부분은 자기 노력으로 친구 사귀는 걸 주저하지 않지요. 오히려 선생님이나 부모님이 억지로 친구를 맺어 주는 걸 불편하게 여길 수도 있어요. 우리 어린이들은 가볍게 인사를 하거나 먼저 말을 거는 걸로도 충분히 친구 관계를 맺을 수 있는데 말이에요.

여러분, 잘 생각해 봐요. 정말 친구 사귀는 게 어렵나요? 혹시 날 싫어할지도 모른다는 두려움 때문에 주저하는 건 아닌가요? 겁먹지 말고 자신있게 말을 걸고 같이 놀자고 해 보세요. 다른 아이들 역시 여러분과 친구가 되고 싶어 한답니다!

줄 잇기

다음 내용을 어떤 고사성어에 빗댈 수 있는지 줄을 이어 보세요.

① 어릴 때부터 가까이 지내며 자란 친구를 뜻해요.

A 환난지교

② 히말라야 등반을 함께했던 박정헌과 최강식의 사이를 이 고사성어에 빗대어 말할 수 있어요.

B 간담상조

③ 간과 쓸개를 서로에게 보일 정도로 마음을 터놓고 지내는 사이예요.

C 죽마고우

④ 예린이가 자신의 고민을 은서에게 털어놓은 것은 이런 사이이기 때문이에요.

D 교천언심

정답 ①C, ②A, ③B, ④D

> 어려운 용어를 파헤치자!

다수결 다수결은 다양한 의견을 하나로 모으기 위해 많은 사람들의 의견에 따라 결정하는 것을 말해요. 다수결 결정 방식으로는 선거로 대표자를 선출하는 것, 학급 회장 선출, 국회에서의 법안 의결, 학급에서 소풍 장소 결정 등이 있어요. 그러나 모든 문제를 다수결로 결정할 수는 없어요. 예를 들어 누구를 좋아하는가에 대한 문제, 어떤 학과를 선택해야 하는가에 대한 문제 등은 개인에 따라 선택을 할 수 있는 권리가 있기 때문이에요. 또한 다수결로 의견이 결정되더라도 그 문제에 대해 충분한 대화와 토론을 하는 것이 필요해요. 문제에 대한 의견 소통이 충분하지 않은 상황에서 다수결로 결정을 내릴 경우, 다수결은 소수자들의 의견을 무시하는 방식이 되어 버릴 수 있기 때문이지요.

독거노인 홀로 노인, 홀몸 노인이라고도 해요. 보호자 없이 혼자 사는 만 65세 이상의 홀로 사는 노인을 말해요. 독거노인은 가족, 친구, 이웃 등과의 교류가 끊어지고 외로움과 고립감이 심해져 심각한 사회 문제가 되고 있어요. 나라에서는 〈노인 복지법〉을 제정하고 보건 복지부 산하에 독거노인 종합 지원 센터를 설립하여 독거노인을 지원하고 있어요.

운지법 악기를 연주할 때에 손가락을 쓰는 방법을 말해요. 또는 곡을 제대로 연주하기 위한 손가락 사용법을 말하기도 하지요. 예를 들어 피아노를 칠 때 어떤 손가락으로 누르는가, 리코더의 구멍을 어떤 손가락으로 어떻게 막는가 하는 것들을 모두 운지법이라고 해요.

원도심 도시가 형성되고 발달하는 과정에서 최초로 도심지 역할을 한 지역을 말해요. 다른 도심지가 생겨나기 전에 형성된 곳으로 도시의 오래된 중심 부분이지요.

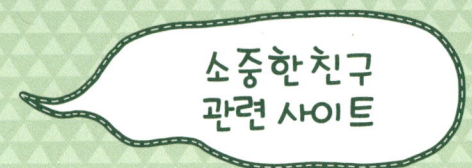

소중한 친구 관련 사이트

학생 정신 건강 지원 센터 www.smhrc.kr
학생들의 정신 건강 증진을 위해 연구하고 교육하고 지원하는 기관이에요. 이곳에서는 학생 정서·행동 특성 등의 문제가 발생했을 때 도움을 받을 수 있어요.

교육부 학생 건강 정보 센터 www.schoolhealth.kr
다양한 학생 건강 정보를 한눈에 볼 수 있어요. 정신 건강, 생명 존중, 성과 건강 등에 대한 다양한 정보도 살펴볼 수 있어요.

Wee 학생 위기 상담 종합 지원 서비스 www.wee.go.kr
가족, 대인 관계, 학업과 진로, 성, 성격 등 다양한 고민을 상담할 수 있어요.

청소년 사이버 상담 센터 www.cyber1388.kr
365일 24시간 상담을 할 수 있어요. 채팅 상담실, 게시판 상담실, 댓글 상담실, 웹 심리 검사, 솔로봇 상담 등 다양한 방법으로 상담할 수 있는 곳이에요.

신나는 토론을 위한 맞춤 가이드

왕따를 당했던 경험 때문에 친구 사귀는 것에 조심스러웠던 은서 이야기를 읽고 어떤 생각이 들었나요? 친구와의 갈등 문제를 논리적으로 말할 자신이 생겼다고요? 그 전에 마지막 단계인 토론을 잊지 마세요. 토론을 잘하려면 올바른 지식과 다양한 정보가 바탕이 되어야 해요. 책을 다 읽고 친구 또는 부모님과 함께 신나게 토론해 봐요!

잠깐! 토론과 토의는 뭐가 다르지?

토론과 토의는 모두 어떤 문제를 해결하기 위해 의견을 나누는 일입니다. 하지만 주제와 형식이 조금씩 달라요. 토의는 여러 사람의 다양한 의견을 한데 모아 협동하는 일이, 토론은 논리적인 근거로 상대방을 설득하는 일이 중요합니다. 토의는 누군가를 설득하거나 이겨야 하는 것이 아니기 때문에 서로 협력해서 생각의 폭을 넓히고 좋은 결정을 내릴 때 필요해요. 반면 토론은 한 문제를 놓고 찬성과 반대로 나뉘어 서로 대립하는 과정을 거치지요. 넓은 의미에서 토론은 토의까지 포함하는 경우가 많습니다. 토론과 토의 모두 논리적으로 생각 체계를 세우고, 사고력과 창의성을 높이는 데 도움을 준답니다.

토론의 올바른 자세

말하는 사람
1. 자신의 말이 잘 전달되도록 또박또박 말해요.
2. 바닥이나 책상을 보지 말고 앞을 보고 말해요.
3. 상대방이 자신의 주장과 달라도 존중해 주어요.
4. 주어진 시간에만 말을 해요.
5. 할 말을 미리 간단히 적어 두면 좋아요.

듣는 사람
1. 상대방에게 집중하면서 어떤 말을 하는지 열심히 들어요.
2. 비스듬히 앉지 말고 단정한 자세를 해요.
3. 상대방이 말하는 중간에 끼어들지 않아요.
4. 다른 사람과 떠들거나 딴짓을 하지 않아요.
5. 상대방의 말을 적으며 자기 생각과 비교해 봐요.

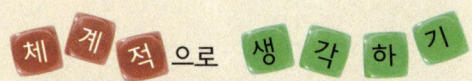 **체계적**으로 **생각하기**

친구를 따라서 하는 행동, 괜찮을까요?

어느 날 친구가 권해서 호기심에 화장을 시작했어요. 그런데 어린이 전용이 아니라 어른들도 쓰는 화장품이에요. 따라 하지 않으면 친구가 아니라는데, 어떡하면 좋죠? 다음 친구들의 대화를 읽고 여러분의 생각을 정리해 보세요.

 난 13살 때부터 화장을 했어. 외모 스트레스가 엄청 심할 때는 화장 안 한 얼굴로 밖에 나갈 수 없어서 매번 마스크를 쓰고 다녔지. 밥 먹을때도 마스크를 벗기 싫어서 최대한 빨리 먹었다니까. 요즘처럼 코로나바이러스 때문에 마스크를 꼭 써야 하는 게 나한테는 차라리 나은 것 같아.

 난 틴트로 화장을 시작했어. 친구들이 학교에 화장품을 가져와서 쉬는 시간마다 바르더라고. 선생님도 괜찮다고 했어. 밖에서 화장하는 것보다 학교 안에서 바르는 건 괜찮다고.

 난 초등학교 4학년 때부터 화장을 했어. 그때부터 지금까지 하루도 안 빠지고 화장을 하는 것 같아. 최근엔 화장품 소개 앱을 스마트폰에 다운받아서 정보를 얻고 있지. 화장법 가르쳐 주는 유튜버 채널도 구독하고.

 초등학교 6학년 때 친구가 선크림을 가져왔는데, 그걸 바르니까 얼굴이 하얘지더라고. 그래서 다 같이 발라 봤지. 친구들이 다들 산다고 하니까 나도 샀던 것 같아. 그래서 지금까지 화장을 하고 있고.

 뷰티 유튜브를 보면 화장을 안 할 수가 없어. 연예인처럼 예뻐지고 싶어서 화장을 시작하게 된 것 같아.

 처음엔 화장 같은 거 생각도 안 했는데, 친구들이 자꾸 묻더라고. 왜 화장 안 하냐고. 그러다 보니 하게 된 것 같아.

 화장을 해야지 얼굴이 완성된 기분이 들어. 이제 화장은 필수야.

1. 친구가 새로 나온 화장품을 발라 보라고 자꾸 권해요. 만약 거절해야 한다면 어떻게 말해야 할까요?

2. 친구가 '넌 화장을 안 해서 안 예쁘다.'라고 말한다면 어떤 기분이 들 것 같나요? 싸우지 않고 자기 마음을 전달하려면 어떻게 해야 할까요?

논리적으로 말하기 1

서로 싸워서 말 안 하는 친구를 내가 화해시킬 수 있을까요?

좋아하는 두 친구가 서로 싸워서 말도 안 한다면 너무 속상하겠죠. 그런데 두 친구를 화해시키려면 어떤 방법을 써야 할까요? 여러분도 할 수 있을까요? 다음 글을 읽고 질문에 답해 보세요.

또래 조정(peer mediation)은 1983년 미국 롱아일랜드 브라이언트 고등학교에서 처음 시도됐다. 학교 폭력이 줄고 학생들의 태도나 인간관계가 회복되는 효과를 내자 지금은 미국 초·중·고등학교 75%가 시행할 정도가 됐다고 한다. 국내에선 2011년 교육 과학 기술부가 수도권 일부 학교를 시범 학교로 지정하면서부터 학교 현장에 적용되고 있다.

'또래 조정'은 학생들 사이에 다툼이 있을 때 갈등 당사자들이 대화를 통해 문제를 해결하도록 또래 친구가 돕는 것을 말하며, 그 역할을 하는 사람을 또래 조정자라고 한다. 학생들 사이에 소소하게 일어나는 다툼이 큰 싸움으로 번지지 않도록, 문제가 생겼을 때 힘이나 위력으로 해결하지 않고 대화로 해결하도록 돕는 과정이라고 할 수 있다. 늘 학급에서 함께 생활하는 친구들이야말로 갈등을 제일 먼저 알아채고 또 문제 해결에도 실질적인 도움을 줄 수 있다는 것이 또래 조정의 장점이다.

또래 조정의 핵심은 좋은 조정자들을 발굴하는 것이다. 대전 경제 정의 실천 시민 연합과 평화를 만드는 여성회가 함께 운영하는 '갈등 조정 센터'의 코치 16명이 또래 조정 프로그램을 확산시키며 또래 조정자를 길러 내고 있다. 학생들은 갈등 이미지를 그림으로 그려 보거나, 귓속말 의사소통하기 게임을 통해 말이 여러 사람을 거치면서 얼마나 왜곡되는지를 체험하는 식으로 갈등 조정 방법을 체득한다. 대전·충청 지역에서 학생 600여 명이 또래 조정자로 활약하고 있다.

또래 조정자는 선생님이 선발하는 것이 아니라 친구들에게 신망이 있는 학생, 다른 사람의 얘기에 귀를 기울이는 학생, 다른 친구들의 문제에 관심을 갖고 돕고자 하는 의지가 있는 학생들이 하는 것이 바람직하다. 선생님이 또래 조정자를 선발하는 경우 또래 조정자가 친구들보다는 선생님과 가까운 존재로 인식될 수 있고 또 자발적 의지가 부족해 이후 활동에서 적극성이 떨어질 가능성이 있기 때문이다.

1. '또래 조정'이 무엇인지 말해 보세요.

2. 어른이 아니라 같은 또래가 친구의 갈등을 해결하는 것이 좋다고 주장하는 이유는 무엇인가요?

논리적으로 말하기 2
초등학생 사이에서 벌어지는 학교 폭력, 해결할 수 있을까요?

친구들 사이에서 왕따나 언어폭력, 폭행 같은 학교 폭력이 심심치 않게 일어나서 좀 무서워요. 왜 자꾸 이런 일이 생길까요? 다음 글을 읽고 질문에 답해 보세요.

교육부는 2019년 전국 초 4~고 2 학생 399만 명 가운데 9만여 명을 뽑아 학교 폭력 실태를 조사했다. 그 결과 중·고교보다 초등학교에 학교 폭력 피해자가 더 많은 것으로 나타났다. 초등학생 중 "학교 폭력 피해를 당했다."고 응답한 학생은 3.6%로, 중학교(2.2%)와 고등학교(1.3%)보다 많았다. "친구가 학교 폭력을 당하는 것을 목격했다."는 비율도 초등학생 (9.6%)이 중학생(7.8%), 고등학생(5.9%)보다 많았다. 교육부는 "신체 폭력뿐 아니라 언어폭력이나 사이버 폭력 등 초등학생 중심으로 폭력 양상이 다양해지고 있다."면서 친구뿐 아니라 교사를 때리거나 욕하는 초등학생도 늘고 있다고 했다.

교육부가 발표한 '2020년 학교 폭력 실태 조사' 결과에 따르면 2020년 학교 폭력 피해자 가운데 사이버 폭력을 경험한 비율은 12.3%에 달했다. 사이버 폭력 피해 학생 비율은 2013년 이후 꾸준히 9% 안팎을 유지하다가 2019년 8.9%로 떨어졌는데 2020년에 크게 오른 것이다. 사이버 폭력 외에 집단 따돌림 피해 학생 비율도 늘었다. 집단 따돌림을 당했다는 학생은 2020년 26.0%로 2019년(23.2%)보다 소폭 증가했다. 반면 '학교 폭력을 당했다.'는 전체 학생 비율은 2020년에 0.9%로 떨어졌다. 등교 수업이 제대로 이루어지지 않았기 때문이라고 보인다.

초등학생 폭력이 늘어나는 것은 전반적으로 학생들 신체 발육이 빨라진 데다, 스마트폰 등을 통해 선정적이고 폭력적 콘텐츠를 접하기 쉬워진 게 영향을 줬다는 분석이 많다. 일각에선 초등학생이 중·고교생보다 폭력에 대한 민감도가 높고 학부모가 적극 개입하기 때문에 피해 응답 비율이 높게 나왔다는 의견도 있다.

1. 초등학생 폭력이 늘어난 원인을 무엇이라고 설명하고 있나요?

2. 여러분이 학교 폭력을 당했다면 어떻게 대처하면 좋을지 말해 보세요.

창의력 키우기

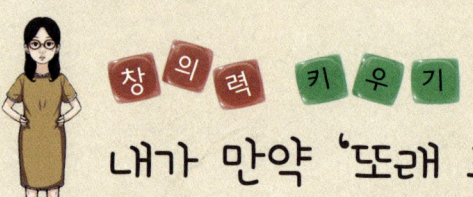

내가 만약 '또래 조정자'라면?

친구들 사이의 갈등을 어른이 아니라 친구들끼리 풀어 나가는 걸 또래 조정이라고 해요. 여러분이 그 방법을 적어 보세요. 갈등이 생긴 친구들에게 어떤 말로 하면 좋을지 적어 보세요.

예시 답안

친구를 따라서 하는 행동, 괜찮을까요?
1. 엄마가 화장은 절대 안 된다고 했다고 거절한다. 그리고 어른들 화장품에는 어린이에게는 맞지 않는 성분이 있어서 위험하다는 말도 해 준다.
2. 일단 친구가 그렇게 말하면 너무 기분이 나쁠 것 같다. 그래도 그 친구와 계속 사이좋게 지내야 한다면, 어린이답게 화장을 조금씩만 하라고 권해 줄 것이다. 그리고 나는 중학교나 고등학교, 또는 성인이 되어서 화장을 할 것이라고 분명하게 말할 것이다.

서로 싸워서 말 안 하는 친구를 내가 화해시킬 수 있을까요?
1. '또래 조정'은 학생들 사이에 다툼이 있을 때 갈등 당사자들이 대화를 통해 문제를 해결하도록 또래 친구가 돕는 것을 말하며, 그 역할을 하는 사람을 또래 조정자라고 한다. 학생들 사이에 소소하게 일어나는 다툼이 큰 싸움으로 번지지 않도록, 문제가 생겼을 때 힘이나 위력으로 해결하지 않고 대화로 해결하도록 돕는 과정이라고 할 수 있다.
2. 늘 학급에서 함께 생활하는 친구들이야말로 갈등을 제일 먼저 알아채고 또 문제 해결에도 실질적인 도움을 줄 수 있다는 것이 또래 조정의 장점이다.

초등학생 사이에서 벌어지는 학교 폭력, 해결할 수 있을까요?
1. 학생들의 신체 발육이 빨라진 데다, 스마트폰 등을 통해 선정적이고 폭력적 콘텐츠를 접하기 쉬워졌기 때문이라고 분석한다. 또 학부모가 학교 폭력 문제에 적극적으로 개입해서 오히려 친구들 사이를 악화시켰다는 의견도 있다. 중·고등 학생들의 경우 욕설이나 가벼운 다툼을 통해 서로 해결하는 문화인데, 초등생은 바로 부모나 교사에게 얘기하면서 문제가 커진다는 것이다.
2. 폭력의 정도에 따라 다를 것 같다. 가벼운 욕설이나 오해로 인해 싸우게 된 것이라면 먼저 친구와 대화를 통해 풀어 갈 수 있겠지만, 여러 친구들이 집단으로 폭력을 행사한다면 혼자서 끙끙 앓지 말고 선생님이나 부모님에게 얘기해서 도움을 청하는 게 맞다고 생각한다.

AI 시대 미래
토론

✅ 뭉치북스가 만든 국내 최초 토론
✅ 한국디베이트협회와 교육 전문가들이 강력

200만 부 판매 돌파!

✅ 초등 국어 교과서 선정 도서!
✅ 활용 만점 독후 활동지 각 권 제공!

한우리 추천도서 · 경향신문 추천도서 · 경기도 초등토론 교육연구회 추천 · 경기도 지부 독서 골든벨 선정도서 · 환경정의 어린이 환경책 권장도서

학교도서관 사서협의회 추천도서 · 한국 아동문학인협회 우수도서

뭉치수학왕

수학이 쉬워지고, 명작보다 재미있는

"인공지능(AI) 시대의 힘은 수학에서 나온다!"

개념 수학

〈수와 연산〉
1. 양치기 소년은 연산을 못한대
2. 견우와 직녀가 분수 때문에 싸웠대
3. 가우스, 동화 나라의 사라진 0을 찾아라
4. 가우스는 소수 대결로 마녀들을 물리쳤어
5. 앨런, 분수와 소수로 악당 히들러를 쫓아내라
6. 약수와 배수로 유령 선장을 이긴 15소년

〈도형〉
7. 헨젤과 그레텔은 도형이 너무 어려워
8. 오일러와 피노키오는 도형 줌 대회 1등을 했어
9. 오일러, 오즈의 입체도형 마법사를 찾아라
10. 유클리드, 플라톤의 진리를 찾아 도형 왕국을 구하라
11. 입체도형으로 수학왕이 된 앨리스

〈측정〉
12. 쉿! 신데렐라는 시계를 못 본대
13. 알쏭달쏭 알라딘은 단위가 헷갈려
14. 아르키는 어림하기로 걸리버 아저씨를 구했어
15. 원주율로 떠나는 오디세우스의 수학 모험

〈규칙성〉
16. 떡장수 할머니와 호랑이는 구구단을 몰라
17. 페르마, 수리수리 규칙을 찾아라
18. 피보나치, 수를 배열해 비밀의 방을 탈출하라
19. 비례배분으로 보물섬을 발견한 해적 실버

〈자료와 가능성〉
20. 아기 염소는 경우의 수로 늑대를 이겼어
21. 파스칼은 통계 정리로 나쁜 왕을 혼내 줬어
22. 로미오와 줄리엣이 첫눈에 반할 확률은?

문장제
23. 개념 수학-백점 맞는 수학 문장제①
24. 개념 수학-백점 맞는 수학 문장제②
25. 개념 수학-백점 맞는 수학 문장제③

융합 수학
26. 쌍둥이 건물 속 대칭축을 찾아라(건축)
27. 열차와 배에서 배수와 약수를 찾아라(교통)
28. 스포츠 속 황금 각도를 찾아라(스포츠)
29. 옷과 음식에도 단위의 비밀이 있다고?(음식과 패션)
30. 꽃잎의 개수에 담긴 수열의 비밀(자연)

창의 사고 수학
31. 퍼즐탐정 셜렁홈즈①-외계인 스콜피오스의 음모
32. 퍼즐탐정 셜렁홈즈②-315일간의 우주여행
33. 퍼즐탐정 셜렁홈즈③-뒤죽박죽 백설 공주 구출 작전
34. 퍼즐탐정 셜렁홈즈④-'지지리 마란드라' 방학 숙제 대작전
35. 퍼즐탐정 셜렁홈즈⑤-수학자 '더하길 모테'와 한판 승부
36. 퍼즐탐정 셜렁홈즈⑥-설국언차 기관사 '어도도 달리는기라'
37. 퍼즐탐정 셜렁홈즈⑦-해설 및 정답

수학 개념 사전
38. 수학 개념 사전①-수와 연산
39. 수학 개념 사전②-도형
40. 수학 개념 사전③-측정·규칙성·자료와 가능성